Surprised by Suffering

R. C. 스프로울,
고난과
죽음을 말하다

SURPRISED BY SUFFERING
R. C. Sproul

Copyright ⓒ 1988, 2009 by Reformation Trust Publishing
a division of Ligonier Ministries, under the title
Surprised by Suffering
Previously published in 1988 by Tyndale House Publishers
Current English edition published by Reformation Trust Publishing
Translated by the permission of Ligonier Ministries
through arrangement of rMaeng2, Seoul, Republic of Korea.
All rights reserved.

This Korean Edition Copyright ⓒ 2015 by Word of Life Press, Seoul,
Republic of Korea

본 저작물의 한국어판 저작권은 알맹2 에이전시를 통하여 Ligonier Ministries와
독점 계약한 생명의말씀사에 있습니다. 신저작권법에 의하여
한국 내에서 보호받는 저작물이므로 무단 전재와 무단 복제를 금합니다.

R. C. 스프로울, 고난과 죽음을 말하다

ⓒ 생명의말씀사 1996, 2015

1996년 8월 25일 1판 1쇄 발행
2002년 4월 25일   2쇄 발행
2015년 12월 21일 2판 1쇄 발행

펴낸이 | 김재권
펴낸곳 | 생명의말씀사

등록 | 1962. 1. 10. No.300-1962-1
주소 | 서울시 종로구 경희궁1길 5-9(03176)
전화 | 02)738-6555(본사)・02)3159-7979(영업)
팩스 | 02)739-3824(본사)・080-022-8585(영업)

기획편집 | 임선희
디자인 | 박소정, 조현진
인쇄 | 영진문원
제본 | 정문바인텍

ISBN 978-89-04-16534-6 (03230)

저작권자의 허락없이 이 책의 일부 또는 전체를
무단 복제, 전재, 발췌하면 저작권법에 의해 처벌을 받습니다.

R. C. 스프로울,
고난과
죽음을 말하다

시작하는 글

모두가 반드시
겪어야 하는 시간

내 눈은 대기실 벽에 걸려 있는 시계에 고정되어 있었다. 그것은 전적으로 시간을 알려주기 위해 만들어진 보잘것없는 시계였다. 거기에는 아무런 장식도 없었다. 방 안의 분위기를 따뜻하게 만들어주는 데 전혀 도움이 되지 않았다. 그 시계가 걸려 있는 유일한 목적은 세계사 안에서 현재의 순간을 보여주는 것뿐이었다.

닫힌 문들 뒤에는 시간에 매달려 있는 사람들이 있다. 어떤 사람들에게는 의미 없이 흘러가는 몇 분의 시간이 인생의 마지막 순간일 때가 있다.

나도 기다리는 사람들 중에 속해 있었다. 가족 모두가 사랑하는 사람들을 위해 밤을 지새우며 수술 결과에 대한 소식을 기다렸다. 밖에서는 건강한 사람들이 또 하루의 일을 시작하려는 출근 준비로 바삐 움직였다. 그들의 마음은 지난밤에 벌어진 야구 경기의 결과를 전하는 아침 뉴스에 고정되어 있었고, 날마다 모든 병원에서 벌어지는 드라마로부터 격리된 채 숨어 있었다.

나는 다시 시계를 응시했다. 초침이 시계의 표면을 따라 부드럽게 움직이지 못하고 있었다. 초침은 매 초마다 조용하면서도 발작적으로 움직였다. 1초 1초가 마치 매 순간을 명확하게 알리는 것처럼 단절되는 느낌을 주며 흘러가고 있었다. 5-4-3-2-1, 또 1분이 지났다. 긴 분침도 움직이고 있었지만 그 속도가 너무나 느려 거의 의식하지 못할 정도였다.

그 시계의 리듬이 내 안에서 점점 더 큰 소리로 경보를 울렸다. 나의 감정적인 반응이 땀에 젖은 손바닥을 통해 외부로 드러났다. 나는 의자에서 일어나 대기실 안을 천천히 걸어 다녔다. 대기실에 있는 잡지에도 관심을 잃었고 스스로의 염려와 불안을 감추려 애쓰는 주변의 낯선 사람들과 대화를 나누는 일에도 지쳐가고 있었다.

그 시계는 한 가지를 말해주었고, 나는 그 메시지가 싫었다. 그것은 수술이 매우 오래 걸린다는 것이었다. 예비 진단에 따르면 그 수술은 '일상적인' 것이었고, 단지 잘못된 부분을 바로잡는 것이었다.

전전긍긍할 이유가 전혀 없었다. 이런 형태의 수술은 불행한 결과를 초래하는 일 없이 수없이 이뤄지고 있었다.

더 오랜 시간이 흘렀다. 나는 벽에 걸린 시계의 상표를 외울 지경이었고, 초침은 여전히 발작적으로 움직이고 있었다.

마침내 의사가 나타났다. 여전히 녹색 수술복을 입고 있었다.

"스프로울 씨 되십니까?"

"그렇습니다."

"합병증이 있으시네요. 예상치 못했던 암을 발견했습니다. 마지막 조직검사 결과를 보아야겠지만, 아무래도 악성인 것 같습니다."

그의 말은 마치 청천벽력 같았다. 더 이상 시계에 신경이 쓰이지 않았다. 소리를 지르고 싶었지만 조용히 질문했다.

"병의 경과가 어떻습니까?"

"좋지 않은 것 같습니다. 화학 요법을 시도해볼 수 있지만, 솔직히 말씀드려서 남은 시간이 얼마 되지 않을 겁니다. 이런 형태의 암은 악성입니다. 거의 대부분 치명적이지요."

"얼마나 오래 갈까요?"

"확실히 말씀드릴 수는 없습니다. 6개월에서 1년 정도 될 겁니다. 치료가 효과적이라면 그 이상일 수도 있겠죠."

"그녀도 알고 있습니까?"

"아니오, 아직 모르고 계십니다. 지금 회복실에 계신데, 진정제를 다량으로 투약하는 중입니다. 내일 말씀드릴 계획입니다. 제가 환자분께 상태를 말씀드릴 때 함께 있어주시면 고맙겠습니다. 한 시쯤에 방문할 예정입니다."

"물론입니다. 그곳에 있겠습니다. 그녀도 사실을 알고 싶어 할 겁니다."

그날 밤 나는 잠을 설쳤다. 겁이 났다. 그동안의 신학 연구는 그러한 질병을 다루는 법에 대한 실제적인 지식을 하나도 제공하지 못한다는 생각이 들었다.

당신은 죽을 병에 걸린 사람에게 그 사실을 어떻게 통보하는가? 사실을 숨기는가? 부인하는가? 그릇된 희망을 제시하는가? 하나님께서 기꺼이 베풀지 않으실지도 모를 기적을 약속하는가?

다음 날 오후 나는 불안한 마음으로 친구의 병실을 찾아갔다. 방에 들어갔을 때 그녀는 겉보기에 빈틈없이 침착한 모습을 하고 있었다. 하지만 눈은 이미 어떤 상황인지를 알고 있는 듯했다. 곧바로 의사가 나타났다. 나는 가능한 한 난처한 질문들을 삼갔다.

의사는 친절하고 다정했지만 솔직했다.

"어제 발견한 경과가 좋지 않습니다."

그는 차분한 어조로 경과가 어떤지를 정확하게 설명했다. 그는 화학 요법의 절차와 이미 여러 장기에 가해진 손상을 설명했다. 그 방에 있던 세 사람 중 환자가 가장 평온한 정신을 소유하고 있는 것 같았다. 그녀는 이렇게 우리를 위로했다.

"괜찮아요. 하나님께서 나를 위해 예비해 놓으신 것을 맞을 준비가 되어 있어요."

이후 그녀는 2년을 더 살면서 의사들을 포함한 모든 사람을 놀라게 했다. 그녀는 그 기간을 매우 생산적으로 보냈다. 이스라엘을 방문했고 자기 집을 정리하면서 가족을 돌보았다. 그리고 마지막 순간에 우아하고 위엄 있게 죽었다.

그 2년 동안 우리는 많은 대화를 나눴다. 우리는 함께 기도했으며 함께 울고 함께 웃었다. 장례식 절차에 관해서도 그녀는 내게 매우 세밀하게 부탁했다.

그녀는 그리스도인으로서 이 세상에서 보낸 마지막 몇 달을 소명으로 간주했다. 그녀는 정신적, 영적으로 스스로 죽음에 대비했고, 죽음을 삶의 일부로 여겼다. 그것은 그녀가 이전에 한 번도 경험하지 못한 것이었지만, 모든 사람이 반드시 겪어야 하는 삶의 마지막 시간이었다.

R. C. Sproul

목차

시작하는 글 모두가 반드시 겪어야 하는 시간   04

1부 고난과 죽음

1. 마지막 소명   14
경주를 마치다 | 음침한 골짜기로 다닐지라도

2. 고난의 길   30
고난받는 그리스도 | 하나님의 뜻을 신뢰하라 | 고난을 통한 구속 | 그리스도의 증인들

3. 고난에 대한 사례 연구   48
죄와 고난의 연관성 | "하나님은 그것을 선으로 바꾸사" | 상황에 관계없이 의지하라 | 고난받는 이유

4. 믿음 안에서 죽는 것   68
믿음 안의 죽음과 죄 안의 죽음 | 경고의 말씀 | 장차 임할 진노를 피하라 | 마지막 공의와 심판 | 지체하면 안 되는 절박성

5. 믿음과 고난   88
"내 짐은 가벼움이라" | 예상치 못한 고난 | 절망과 죽음의 유혹 | 위엄 있는 죽음?

2부 죽음 이후의 삶

6. 사후의 삶에 대한 대중의 견해   108
미래에 대한 질문 | 헬라인들의 주장 | 세상에서의 당위성 | 완전한 재판관

7. 예수님과 사후의 삶   132
거처를 마련하시는 주님 | '어른'의 견해 | 예수님의 권세 | 유가족에 대한 위로 | 바울의 아홉 가지 논증 | 증거의 기초

8. 그리스도인의 죽음   164
지상의 삶보다 좋다 | 몸의 부활 | 영적인 몸 | 연속성과 불연속성 | 중간 상태

9. 천국은 어떤 곳인가   182
혼돈스러운 바다 | 구속된 성(城) | 모든 슬픔의 끝 | 거룩한 성의 광채 | 성전이 없는 성 | 저주의 종말 | 지복직관

마치는 글   고난을 초월하는 소망   212

부록 1   죽음과 사후의 삶에 대한 질문과 답변   214
부록 2   죽은 자들과 접촉하는 것   229

1부

고난과
죽음

… 1. 마지막 소명

우리는 죽음을 소명으로 생각하는가? 전도서 기자는 이렇게 선언했다.

"천하에 범사가 기한이 있고 모든 목적이 이룰 때가 있나니 날 때가 있고 죽을 때가 있으며"(전 3:1-2, 개역한글).

히브리서 기자도 이렇게 말한다.

"한 번 죽는 것은 사람에게 정해진 것이요 그 후에는 심판이 있으리니"(히 9:27).

성경의 표현에 주목하라. 성경은 죽음을 "천하에…… 목적"과 "정해진 것"으로 표현하고 있다. 죽음은 하나님께서 정하신 것이다. 우리 삶에 대한 하나님의 목적의 일부인 것이다. 하나님께서는 각 사람에게 죽음을 정하셨다. 그분은 우리 인생의 마지막 체험을 포함하여 삶의 모든 것을 주관하시는 분이다.

우리는 주로 소명을 우리의 경력이나 일에 국한시킨다. 그러나 소명이라는 단어는 '부르다'라는 뜻을 가진 라틴어 '보카레'(vocare)에서 온 말이다. 기독교적인 의미로 사용될 때 소명은 신적인 부르심, 즉 하나님의 호출을 언급하는 데 사용되었다. 그분은 가르치고, 설교하고, 노래하고, 자동차를 만들고, 기저귀를 갈도록 사람들을 부르신다. 따라서 소명은 인생의 여러 국면만큼이나 다양하다.

이 땅을 살아가는 동안 우리는 하나님께서 우리에게 주시는 일과 직업에 관해 서로 다른 소명을 가지고 있다. 그러나 죽음의 소명은 모두가 공유하고 있다. 우리 모두는 죽음을 부름받았다. 그 소명은 그리스도의 사역에 대한 '소명'처럼 하나님으로부터 임하는 소명이다. 때로 그 소명은 아무런 경고 없이 갑자기 임한다. 때로는 사전 통지와 더불어 임하기도 한다. 어떤 경우든 그 소명은 우리 모두에게 임하며 하나님께로부터 임한다.

하나님께서 죽음과 아무 연관도 없다고 말하는 교사들이 있다. 그들은 죽음을 마귀의 잔인무도한 방책으로 엄격하게 간주한다. 모든 고통과 고난과 질병과 비극을 악한 자의 책임으로 돌리는 것이다. 반면 하나님은 모든 책임에서 면제되신다고 말한다. 이러한 견해는 하나님께서 이 세상의 모든 그릇된 일에 책임이 없으시다는 사실을 분명히 하려는 목적으로 고안되었다.

그래서 우리는 다음과 같은 말을 듣게 된다. "하나님은 언제나 치유를 명하신다." 만일 그 치유가 일어나지 않으면, 그 책임은 사탄이나 우리에게 있게 된다. 그들은 죽음이 하나님의 계획에 들어 있지 않다고 말한다. 죽음은 하나님의 영역에 대한 사탄의 승리를 나타낸다는 것이다.

이러한 견해는 고난받는 자들에게 일시적인 위안을 줄 수 있다. 그러나 이 견해는 옳지 않으며 성경적인 기독교와 아무 연관이 없다. 그들은 하나님을 책임에서 면제시키려 노력한 나머지 그분의 주권을 희생시키고 있다.

그렇다. 마귀는 존재한다. 그는 우리의 대적이며 우리 삶에 불행을 안겨주기 위해 최선을 다할 것이다. 그러나 사탄은 주권적인 존재가 아니다. 그는 죽음의 열쇠를 쥐고 있지 않다.

밧모섬에 유배 중이던 사도 요한에게 환상 중에 나타나신 예수님은 자신을 이렇게 밝히셨다.

"내가 볼 때에 그 발 앞에 엎드러져 죽은 자같이 되매 그가 오른손을 내게 얹고 이르시되 두려워하지 말라 나는 처음이요 마지막이니 곧 살아있는 자라 내가 전에 죽었었노라 볼지어다 이제 세세토록 살아 있어 사망과 음부의 열쇠를 가졌노니"(계 1:17-18).

예수님은 죽음의 열쇠를 갖고 계신다. 사탄은 그분의 손에서 그 열쇠를 빼앗을 수 없다. 그리스도께서는 그 열쇠를 단단히 붙들고 계신다. 그분이 그 열쇠를 들고 계신 것은 그 열쇠를 소유하고 계시기 때문이다. 하늘과 땅의 모든 권세가 그분께 주어졌다. 거기에는 생명과 죽음의 모든 권세가 포함된다. 죽음의 사자는 그분의 손짓과 명령을 따르는 것이다.

'하나님의 나팔 소리'라는 위대한 흑인 영가를 기억하는가? 그 가사에 하늘의 시나리오가 있다. 주님은 신적 권세로 천둥 같은 소리를 발하신다. "죽음을 명하라!" 또 이렇게 선언하신다. "조지아주 애틀랜타의 캐롤라인에게 죽음을 보내라." 그런 다음 요한계시록에 나오는 흰 말을 호출하여 급파하신다. 그것은 하나님만이 하실 수 있는 일이다.

세계사는 종교적인 이원론이 여러 가지 형태로 출현했다는 사실을 증거해왔다. 이원론은 서로 반대되는 동등한 두 세력이 존재한다고 단언한다. 이 세력은 하나님과 악마, 하나님과 사탄, 음(陰)과 양(陽) 등으로 다양하게 불린다. 이 두 세력은 영원한 싸움 안에 갇혀 있다. 서로 반대될 뿐 아니라 팽팽히 맞서기 때문에 어느 한편이 승리하지 못하는 싸움이다. 이와 같이 세상은 적대적인 그 세력들 간의 영원한 전쟁터가 되고 우리는 그 싸움의 희생 제물이 될 것이다. 영원한 체스 게임의 말들인 것이다.

또 이원론은 기독교와 충돌하는 과정을 계속 이어가고 있다. 즉 기독교 신앙은 이원론을 무시한다. 사탄은 하나님을 반대할 수 있지만 결코 하나님과 동등하지 않다. 사탄은 피조물이고 하나님은 창조자이시다. 사탄은 능하고 하나님은 전능하시다. 사탄은 지식이 있고 교활하지만 하나님은 전지하시다. 사탄은 그 존재에 있어서 한 지역에 국한되지만 하나님께서는 무소부재하시다. 사탄은 유한하고 하나님은 무한하시다.

이와 같은 목록은 계속 이어질 수 있다. 성경을 볼 때 사탄이 결코 궁극적인 세력이 아니라는 것은 분명한 사실이다.

우리는 아무 해결책이 없는 문제에 빠질 운명이 아니다. 성경의 메시지는 승리다. 완전하고 최종적이고 궁극적인 승리다. 분명한 것은 우리의 운명이 아니라 사탄의 운명이다. 그의 머리가 그리스도의 발꿈치에 밟혔다. 그리스도는 알파와 오메가가 되신다.

무엇보다 고난과 죽음은 십자가에 달려 죽으시고 부활하신 주님께 맞선다. 그분은 생명의 궁극적인 원수를 패배시키셨고 죽음의 권세를 정복하셨다. 그분은 우리가 죽게 될 거라 하신다. 하지만 그 소명은 인생의 마지막 변화에 순종하라는 소명이다. 그리스도 때문에 죽음은 더 이상 마지막이 아니다. 그것은 한 세상에서 다음 세상으로 가는 길이다.

하나님께서 언제나 치유를 명하지는 않으신다. 만일 그렇게 하셨다면 그분은 자신의 계획이 저지당하는 것 때문에 끝없이 좌절하셨을 것이다. 그분은 돌에 맞아 상처 입은 스데반의 치유를 명하지 않으셨다. 모세, 다윗, 요셉, 바울, 아우구스티누스, 루터, 칼빈의 치유도 명하지 않으셨다. 그들은 모두 믿음 안에서 죽었다.

죽음을 통해, 그리고 죽음 이후에 일어나는 치유가 있다. 예수님은 십자가의 상처를 영광스럽게 치유받으셨다. 그러나 그것은 그분이 죽으신 후에 일어났다.

어떤 교사들은 그리스도의 대속에 치유가 있다고 주장한다. 예수님은 십자가에서 우리의 모든 죄를 짊어지셨다. 그러나 우리 중 이생의 죄에서 자유로운 사람은 아무도 없다. 십자가에서 이뤄진 치유는 진정한 것이며, 우리는 지금 그 혜택에 참여하고 있다. 그러나 죄와 질병의 온전한 치유는 천국에서 일어난다. 정해진 때가 되면 우리는 죽어야 한다.

하나님은 우리 기도에 응답하시고 이 땅을 살아가는 동안 우리의 몸을 치유해주신다. 그러나 이러한 치유들조차 일시적이다. 예수님은 나사로를 죽은 자 가운데서 다시 살리셨지만 그는 다시 죽었다. 또한 예수님은 눈먼 자에게 시력을 주시고 귀먹은 자에게 청력을 주셨지만 그들도 결국 죽었다. 하지만 그들이 죽은 것은 사탄이 예수님을 이겼기 때문이 아니다. 예수님이 그들에게 죽음을 정하셨기 때문이다.

하나님께서 우리에게 말하시는 소명은 언제나 거룩하다. 따라서 죽음의 소명도 거룩한 것이다. 그것을 이해하는 것은 그리스도인이 배울 수 있는 매우 중요한 교훈 중 하나다. 그 소명이 임할 때 우리는 여러 가지 형태로 반응할 수 있다. 화를 내거나, 분개하거나, 겁에 질리는 것 등이다. 그럴 때 우리가 그것을 사탄의 위협이 아닌 하나님의 소명으로 본다면, 우리는 곤란한 상황을 훨씬 잘 타개할 수 있다.

경주를 마치다

나는 아버지가 남기신 유언을 결코 잊지 못할 것이다. 우리는 함께 거실 소파에 앉아 있었다. 당시 아버지의 몸은 세 차례의 발작으로 움직임이 자유롭지 못했다. 얼굴 한쪽은 마비로 일그러져 있었고 왼쪽 눈과 입술은 억제할 수 없을 정도로 떨렸다. 아버지는 내게 또렷

하지 못한 발음으로 말씀하셨다. 그래서 정확하게 알아듣기 힘들었지만, 그 뜻은 명명백백했다. 아버지는 이렇게 말씀하셨다. "나는 선한 싸움을 싸웠고, 이제 경주를 마쳤어. 나는 믿음을 지켰단다."

이것이 내게 남기신 마지막 말씀이었다. 그 후 아버지에게 네 번째이자 마지막 뇌출혈이 왔다. 마루에 넘어져 있는 아버지를 발견했을 때, 입가에서 피가 방울져 떨어지고 있었다. 그렇게 혼수상태로 의식을 되찾지 못하신 아버지는 결국 하루 만에 죽음을 맞이하셨다.

아버지가 내게 남기신 유언은 영웅적이었다. 반면 내가 아버지에게 마지막으로 드린 말씀은 비겁했다. 나는 아버지가 그런 식으로 죽음을 예고하시는 게 싫었다. 그래서 무례하게도 "아버지, 그런 말씀 마세요."라고 했다.

내 인생에는 말하지 않았더라면, 하고 절실히 바랐던 말들이 많다. 그중에서도 내가 방금 언급한 말보다 더 수치스러운 말은 없었다. 그러나 이미 쏘아버린 화살을 다시 돌이킬 수 없는 것처럼, 한번 내뱉은 말을 주워 담는 것은 불가능한 일이다.

내 말은 아버지를 나무라는 것이었다. 아버지께서 마지막 간증을 할 수 있는 기회를 허락하지 않았던 것이다. 아버지는 자신이 죽어가고 있다는 사실을 아셨다. 아버지께서 이미 기품 있게 받아들이신 것을 나는 받아들이기 거부했다.

그때 나는 열일곱 살이었다. 죽음에 대해 아무것도 모르고 있었다. 그 해는 그다지 좋은 일들이 일어나지 않았다. 나는 3년에 걸쳐 아버지가 조금씩 죽어 가는 모습을 지켜보았다. 그리고 한 번도 아버지가 불평하시는 말씀을 듣지 못했다. 항의하는 말도 들은 적 없었다. 아버지는 매일, 매주, 매년 같은 의자에 앉아 계셨다. 그리고 커다란 돋보기를 들고 성경을 읽으셨다. 나는 근심과 염려에 눈이 멀어 있었다. 그것이 분명 아버지를 고통스럽게 했을 것이다. 아버지는 일을 하실 수도 없었기 때문에 수입이 전혀 없었다. 장애인 보험금도 없었다. 다만 의자에 앉아 자신의 구명대에서 조금씩 바람이 빠지는 모습을 지켜보며 죽음을 기다리셨다.

나는 하나님께 화가 나 있었지만 아버지는 아무에게도 화내지 않으셨다. 마지막까지 자기 소명에 충실한 삶을 사셨고, 선한 싸움을 싸우셨다. 적개심이나 원한이나 자기 연민에 빠지지 않고 말이다. 하지만 나는 그런 싸움을 싸워본 적이 없었다.

그렇게 아버지는 경주를 마치셨지만, 나는 출발선에 서본 적도 없었다. 아버지는 하나님께서 명하신 경주에 참여하셨다. 다리가 부러질 때까지 계속 달리셨다. 더 이상 걸을 수 없게 된 후에도 매일 밤 식탁에 앉으셨다. 그것은 날마다 벌어지는 의식이었다. 아버지는 내게 도움을 요청하셨고, 밤마다 나는 아버지의 방으로 가서 아버지가 내 목과 어깨에 팔을 두를 수 있도록 뒤로 물러서서 몸을 구부렸다. 그런 다음 아버지가 의자에서 몸을 일으킬 수 있도록 허리를 꼭 껴안고 내 몸을 일으켜 세웠다. 마치 소방대원처럼, 나는 아버지를 식탁으로 모시고 갔다. 나의 유일한 위안은 내가 아버지를 도울 수 있었다는 것이다. 그렇게 나는 경주를 마치신 아버지와 함께 결승선에 있었다.

마지막으로 아버지를 식탁에 모셔다 드리고, 잠시 후 아버지가 마루에 넘어져 계시는 모습을 발견했다. 나는 아버지를 다시 침대로 모셨고, 결국 아버지는 숨을 거두셨다. 그 마지막 여행에서 아버지는 내가 아버지와 함께 갈 수 있도록 도움을 주지 못하셨다. 그 순간 아버지는 내 목에 팔을 두를 수 없었다. 아버지를 마루에서 침대까지 옮기는 일은 힘이 들 뿐 아니라 떨리는 일이었지만 나는 아버지를 옮겨야 했다. 아버지가 마룻바닥에서 돌아가신다는 것은 생각조차 할 수 없는 일이기 때문이었다.

아버지가 죽음을 맞이하셨을 때, 나는 그리스도인이 아니었다. 믿음은 나의 체험과 지식을 초월하는 것이었다. 아버지가 "나는 믿음을 지켰다"고 말씀하셨을 때, 나는 그 말에 담겨 있는 무게를 포착하지 못했다. 그래서 그 말을 가로막았다. 그때 아버지께서 바울이 그의 사랑하는 제자 디모데에게 남긴 마지막 말을 인용하고 계셨다는 사실도 알지 못했다. 아버지의 웅변적인 증거는 당시에는 내게 아무 쓸모없는 것이었다. 하지만 지금은 그렇지 않다. 이제는 이해한다. 나는 아버지가 인내하신 것처럼 인내하고 싶다. 경주에 참여하고, 아버지가 하신 것처럼 그 경주를 마치고 싶다. 아버지가 겪으신 고통을 겪고 싶은 마음은 없지만 아버지처럼 믿음을 지키고 싶다.

아버지가 내게 가르쳐주신 것은 '죽는 법'이었다. 지금까지 내가 묘사한 사건은 내게 지울 수 없는 기억을 남겼다. 아버지가 돌아가신 후 여러 해 동안 그때의 악몽이 반복되었다. 나는 똑같은 꿈을 꾸었다. 생생하고도 강렬했다. 꿈속에서 나는 아버지가 다시 살아계신 모습을 보았다. 아버지가 살아계셨다! 그래서 꿈이 시작될 때마다 가슴이 뛰었다. 나의 얕은 잠을 통해 불가능한 일이 가능해졌기 때문이다. 그러나 꿈속에 나타나는 아버지의 모습이 언제나 같았기 때문에 나의 기쁨은 곧 실망으로 바뀌곤 했다. 아버지는 다리를 절고 계셨다. 몸도 마비되어 있었다. 절망적으로 무기력하게 죽어가고 계셨다. 건강하고 활기 넘치는 아버지가 아니라 죽음의 고통에 사로잡힌 아버지의 모습이었다.

꿈을 꾼 뒤 나는 속이 텅 빈 느낌과 함께 땀에 흠뻑 젖은 채로 잠에서 깨곤 했다. 훗날 성경을 공부하면서, 비로소 나는 죽음이 그런 것이 아니라는 것을 배우게 되었다. 기독교 신앙의 내용을 발견하면서부터 죽음의 악몽도 그쳤다.

음침한 골짜기로 다닐지라도

최근에 어머니를 여읜 어느 젊은 자매를 만났다. 그녀는 절망감에 사로잡힌 채 괴로워하고 있었고, 어머니의 죽음에 병적으로 골몰해 있었다.

그러던 어느 날 밤, 그녀는 심오한 영적 체험을 하게 되었다. 혼자서 성경말씀을 묵상하고 있을 때 갑자기 하나님의 임재를 심오하게 느끼는 체험을 한 것이다. 기도하는 동안, 어떤 말이 그녀의 마음에 강하게 다가왔다. 그것은 강력하고도 명확했다. 바로 다음과 같은 말이었다.

'레슬리, 죽음은 그런 게 아니야!'

슬픔은 끝이 났다. 그녀는 자신의 병적인 태도로부터 구원받았다. 섬광 같은 깨달음이 그녀의 영혼을 건져주었던 것이다. 이후 그녀는 죽음에 대한 새로운 관점을 깨닫게 되었다.

하나님께서는 우리에게 죽음의 소명을 주시면서 사명을 맡기신다. 우리는 분명 경주에 참여하였다. 그 경주는 겁나는 것일 수 있다. 도중에 웅덩이가 있는 장애물 경주이기도 하다. 과연 결승선까지 갈 수 있을까 염려스럽다. 그 길은 우리로 하여금 음침한 골짜기를 통과하게 만든다.

사망의 음침한 골짜기. 그것은 대개 햇빛이 전혀 들지 않는 골짜기다. 우리는 안전하게, 그 길을 돌아가는 편을 선택하고 싶어 한다. 그러나 믿음의 사람들은 두려움 없이 그 골짜기에 들어갈 수 있다. 그 방법에 대해 다윗은 이렇게 말했다.

"내가 사망의 음침한 골짜기로 다닐지라도 해를 두려워하지 않을 것은 주께서 나와 함께하심이라 주의 지팡이와 막대기가 나를 안위하시나이다"(시 23:4).

다윗은 목자였다. 이 구절에서 다윗은 자신을 양의 위치에 두고 있다. 그리고 자신을 위대한 목자의 보호 아래 있는 양으로 보고 있다. 한 가지 중대한 이유 때문에 그는 두려움 없이 그 골짜기에 들어가고 있다. 즉 자신을 목자의 돌봄과 보호 아래 맡기고 있는 것이다.

그 양은 목자의 무기인 지팡이와 막대기에서 안위를 찾고 있다. 고대의 목자는 무장을 하고 있었다. 그는 구덩이에 빠진 양을 구하기 위해 지팡이의 구부러진 부분을 사용했고, 자기 양을 집어삼키려는 야수를 향해 막대기를 휘둘렀다. 목자가 없다면 양들은 음침한 골짜기에서 무력할 수밖에 없지만, 목자가 있는 한 두려울 것이 없었다.

곰이나 사자가 목자를 공격하여 그를 죽이면 양들이 흩어졌고, 곧 사자의 억센 턱에 희생되었다. 목자가 쓰러지면 양들은 모든 것을 잃게 되었던 것이다.

그러나 우리는 쓰러질 수 없는 목자를 모시고 있다. 죽을 수 없는 목자를 모시고 있다. 그분은 어려운 일이 닥치면 자기 양떼를 버리는 삯꾼 목자가 아니다. 우리의 목자는 전능한 힘으로 무장하고 계신다. 그분은 음침한 골짜기에 위협을 당하지 않으신다. 그분이 그 골짜기를 만드셨고, 그 골짜기를 구속(救贖)하신다.

다윗의 확신은 절대적으로 확실한 하나님의 임재에 뿌리박고 있다. 그는 하나님의 소명에는 하나님의 도우심과 하나님의 임재하심에 대한 절대적인 약속이 따른다는 사실을 깨닫고 있었다. 하나님은 그분이 직접 가기를 꺼리시는 곳으로 우리를 보내지 않으실 것이다.

나의 대학 시절과 신학교 시절의 가장 친한 친구는 돈 맥클루어였다. 돈은 개척 선교사 중 한 사람의 아들로 아프리카에서 성장했다. 그는 자기를 만나기 전에는 한 번도 백인을 만나 보지 못한 몇몇 부족을 직접 발견하기도 했다. 침실에서 혀를 날름거리는 코브라를 죽인 적도 있었다. 자신이 타고 있는 작은 카누로 악어가 뛰어든 적도 있었다. 굶주린 사자들에게 둘러싸인 절체절명의 순간에 아버지에게 구조된 적도 있었다.

나는 그를 "타잔"이라고 불렀다. 그의 인생이 조니 와이즈뮬러(Johnny Weissmuller, 영화에서 타잔 역을 맡아 활약한 수영 선수 출신의 배우-역주)의 전설을 거울처럼 비춰주었기 때문이다. 그는 내가 만나본 사람 중 가장 두려움이 없는 사람이었다. 그래서 나는 만약 전투 중 적의 전선 배후에 있는 개인 참호에 빠진다면 돈 맥클루어와 함께 있고 싶다고 말하곤 했다.

나는 돈의 아버지의 순교 소식을 담은 신문을 성경책에 끼워 넣고 다녔다. 몇 해 전 돈과 그의 아버지는 에티오피아의 외진 곳에 캠프를 쳤다. 그리고 밤중에 갑작스러운 공산주의 게릴라들의 습격을 받았다. 돈과 그의 아버지는 그들에게 사로잡혀 총살대 앞으로 끌려갔다. 게릴라들이 사격을 개시했을 때 돈은 아버지 곁에 서 있었다. 그들은 먼저 돈의 아버지를 사격하여 즉사시켰다. 그리고 잠시 후 돈은 2m도 안 되는 전방에서 자기를 향해 발사되는 화염을 지켜보았다. 그는 아버지 곁에 쓰러졌다. 하지만 놀랍게도 그는 죽지 않았다.

혼란스러웠던 그날 밤, 게릴라들은 나타날 때처럼 신속하게 도망쳤다. 돈은 조용해질 때까지 죽은 것처럼 가장하고 땅바닥에 누워 있었다. 화약 폭발로 화상을 입었지만, 약간의 외상일 뿐이었다. 돈은 도망치려는 충동과 싸우면서 맨손으로 얕은 무덤을 팔 수 있을 정도로 오랫동안 그곳에 남아 있었다. 그리고 그곳에 아버지의 시신을 매장했다.

돈은 살아남았다. 하지만 그의 아버지는 그러지 못했다. 나는 여전히 음침한 골짜기의 내 편에 돈 맥클루어를 두고 있다는 사실이 자랑스럽다. 그러나 나는 내 곁에 있겠노라 약속하는 돈보다 더 위대한 분을 모시고 있다.

하나님의 임재는 우리의 피난처요 환난 날의 힘이다. 그분의 약속은 그 골짜기 안으로 우리와 함께 가실 것이라는 데 그치지 않는다. 더 중요한 것은 골짜기 저편에 대한 그분의 약속이다. 하나님께서는 저편까지 우리를 인도하시면서 여행 내내 우리와 함께하시겠다고 약속하신다. 사망의 음침한 골짜기는 사방이 막힌 깊은 협곡이 아니다. 그곳은 양쪽 끝이 열려 있고, 더 좋은 땅에 이르는 통로다. 그 골짜기는 우리를 생명으로 인도한다. 우리가 상상할 수 있는 것보다 더 풍성한 생명이다. 우리 소명의 목표인 천국에 가려면, 그 골짜기를 통과하는 길 외에 다른 길은 존재하지 않는다.

다윗도 그 사실을 깨닫고 있었다. 그는 그리스도, 부활, 신약시대의 영광의 계시 이전에 살았지만 하나님께서는 그 문제에 대해 완전히 침묵하시지 않았다. 이미 아브라함의 품에 안길 소망이 존재하고 있었던 것이다.

다윗은 자신의 믿음을 이런 식으로 표현하였다.

"내가 산 자들의 땅에서 여호와의 선하심을 보게 될 줄 확실히 믿었도다"(시 27:13).

아브라함과 이삭과 야곱의 하나님은 산 자의 하나님이시다. 다윗의 하나님 역시 산 자의 하나님이시다. 예수님의 하나님도 산 자의 하나님이시다. 사망의 골짜기 너머에도 생명이 존재한다.

나의 아버지는 경주에 참여하셨다. 하나님께서 명하셨기 때문이다. 아버지가 경주를 마칠 수 있었던 것은 장애물을 통과하는 동안 하나님께서 아버지와 함께 계셨기 때문이다. 아버지가 믿음을 지키실 수 있었던 것도 믿음이 아버지를 지켜주었기 때문이었다. 이것은 우리에게 강력한 유산이다. 부활하신 그리스도께서 자신의 양떼에게 주시는 유산인 것이다.

2. 고난의 길

"고민하고 슬퍼하사"(마 26:37).

예수님이 겟세마네 동산에 기도하러 가셨을 때 그분의 영혼은 슬픔과 깊은 고민을 나타내셨다. 그 순간은 예수님께 강렬한 고뇌의 시간이었다. 그분은 대수난의 절정을 향해 나아가고 계셨고, 예수님의 대수난은 그분의 신적 소명의 핵심이었다. 하나님께서 자기 독생자에게 명하신 고난보다 더 큰 고난을 명령받은 사람은 아무도 없었다.

이와 같이 우리 주님은 고난받는 구세주셨다. 그분은 우리보다 먼저 미지의 고통과 죽음의 땅에 들어가셨다. 그분은 아무도 가도록 부름받지 않은 곳으로 가셨고, 그분의 아버지는 우리가 결코 입에 대지 않을 잔을 그분이 마시게 하셨다. 하나님은 우리에게 그리스도께서 친히 지신 고통과 비길 만한 일을 겪으라고 요구하지 않으실 것이다. 하나님께서 우리에게 어디로 가고 어떤 일을 겪으라고 명하시든, 그것은 예수님이 경험하신 일에 훨씬 못 미칠 것이다.

사역 초기부터 예수님은 자신의 사명을 의식하고 계셨다. 처음부터 그분은 사형 선고 아래 계셨다. 그분의 '질병'은 치명적이었다. 성부 하나님은 모든 종류의 치명적인 질병으로 십자가에서 그분을 괴롭히셨다. 물론 이것이 예수님이 생체 조직 검사에서 양성 반응을 보이셨다거나 의사가 한센병으로 진단했음을 의미하지 않는다. 그분은 어떤 질병을 앓으셨다는 외면적인 증거 없이 죽음을 맞으셨다. 하지만 모든 질병이 합쳐진 것과 같은 고통이 그분께 가해졌다. 인류의 모든 악과 질병과 고통의 참화를 자기 몸에 짊어지셨기 때문이다.

이 세상의 악이 거대한 복합체이기 때문에 예수님이 당하신 고난도 다양했다. 모든 죄의 모든 영향이 그분께 가해졌다. 그런 무서운 짐을 짊어지는 것이 그분의 소명이었다. 모든 고통과 질병을 짊어지는 것이 그분의 사역이었다. 그 일이 얼마나 소름 끼치는 일인지 가늠하는 것은 우리의 지각을 초월한다. 하지만 그분은 그것이 자신이 짊어져야 할 짐이라는 사실을 아셨기 때문에 그 일이 얼마나 소름 끼치는 것인지도 깨닫고 계셨다.

고난받는 그리스도

하나님의 아들이 고난을 당한다는 것은 그분의 동시대인들에게 생각조차 할 수 없는 일이었다. 따라서 그것은 헬라인들에게 거침돌이 되었다. 그들의 신관(神觀)이 너무나 영적이고 천상적(天上的)이었기 때문에, 그들에게는 성육신이라는 개념이 자리 잡을 여지가 없었다. 신은 절대로 물질적인 것에 연루될 수 없었기 때문에, 물질적인 고통에도 연루될 수 없었다.

세상을 떠들썩하게 만든 신약성경의 뉴스는 하나님께서 성육신하셨다는 소식이었다. 영원하고 거룩한 말씀이 육신을 입었다. 뿐만 아니라 그 육신은 모든 육체적 고통에 저항력이 없었다.

그런 생각에 아연실색한 것은 헬라인들만이 아니었다. 하나님께서 인간의 몸을 입고 나타나신다는 것은 유대인들에게도 생각할 수 없는 일이었다. 그러나 육신을 입은 그분의 인성(人性)은 그들의 이해를 초월하여 고난까지 당하셨다.

가이사랴 빌립보에서 베드로는 가장 위대한 신앙고백을 한 바로 다음 순간에 예수님의 준엄한 꾸지람을 들었다. "너희는 나를 누구라 하느냐"(마 16:15)는 예수님의 질문에 시몬 베드로는 "주는 그리스도시요 살아계신 하나님의 아들이시니이다"(마 16:16)라고 대답했다. 이러한 대답을 한 베드로는 예수님의 축복을 받았다.

"예수께서 대답하여 이르시되 바요나 시몬아 네가 복이 있도다 이를 네게 알게 한 이는 혈육이 아니요 하늘에 계신 내 아버지시니라 또 내가 네게 이르노니 너는 베드로라 내가 이 반석 위에 내 교회를 세우리니 음부의 권세가 이기지 못하리라"(마 16:17-18).

이보다 더 큰 칭찬이 어디 있겠는가? 그러나 잠시 후 베드로는 예수님의 통렬한 질책을 받았다.

"사탄아 내 뒤로 물러가라 너는 나를 넘어지게 하는 자로다 네가 하나님의 일을 생각하지 아니하고 도리어 사람의 일을 생각하는도다"(마 16:23).

사실 이 말씀은 베드로가 아니라 사탄에게 하신 말씀이었다. 여기서 벌어진 대화는 매우 변화무쌍하다.

처음에 예수님은 시몬 베드로를 축복하셨다. 그리고 다음 순간에는 그를 "사탄"이라고 부르셨다. 어조와 표현상으로 그러한 극적 차이를 어떻게 설명할 수 있는가?

예수님은 사람들을 필요 이상으로 엄격하게 다루지 않으셨다. 그분은 한 입으로 칭찬하고 다른 한 입으로 저주하는 표리부동한 분이 아니셨다. 따라서 이러한 표현의 변화는 칭찬과 꾸지람 사이의 간격을 보고 이해해야 한다. 그 간격에는 고난에 대한 베드로와 예수님의 대화가 있다.

> "이때로부터 예수 그리스도께서 자기가 예루살렘에 올라가 장로들과 대제사장들과 서기관들에게 많은 고난을 받고 죽임을 당하고 제삼일에 살아나야 할 것을 제자들에게 비로소 나타내시니"(마 16:21).

여기서 우리는 예수님께서 반드시 자신이 고난을 받고 죽어야 한다는 사실을 보여주고 계셨음을 알 수 있다. 그분의 예루살렘 여행은 임의적인 것이 아니었다. 그분에게는 골고다에서 성취해야 하는 하늘의 뜻이 있었다.

이러한 '불가피성'은 그분의 소명에 기초했다. 그분은 과업을 성취하도록 부르심 받았다. 즉 고난을 받고 죽임당하는 것이 그분의 의무였다.

베드로가 그분께 도전한 것은 바로 이 의무 부분이었다. "베드로가 예수를 붙들고 항변하여 이르되 주여 그리 마옵소서 이 일이 결코 주께 미치지 아니하리이다"(마 16:22).

적어도 베드로는 개인적으로 주님을 질책하는 자비를 받아 누렸다. 성령께서 말할 수 없을 정도로 주제넘은 그의 모습을 성경에 기록하게 하셨지만, 그가 공개적으로 교만한 태도를 과시한 것은 아니었다.

"결코 주께 미치지 아니하리이다." 베드로는 예수님께 고난과 죽음을 멀리하시라고 요구했다. 이러한 요구에 예수님은 사탄이 광야에서 제시했던 것과 똑같은 유혹적 제안이 담겨 있음을 간파해내셨다. 베드로는 예수님이 고난으로 더럽혀지지 않으시기를 원했다. 그것은 하나님의 방법이 아니라 사탄의 방법으로 하나님의 나라가 도래하기를 원하는 것이었다. 그러나 하나님의 길은 십자가의 길, 고난의 길이었다.

신학자들은 예수님이 그분의 생애 중 어느 때에 자신이 고난을 받고 죽음을 당해야 한다는 사실을 의식하게 되었는지에 대해 논쟁을 벌이곤 한다. 이에 대해 성경은 그분이 가이사랴 빌립보에 오시기 훨씬 전부터 그것을 생각하셨음을 분명하게 밝히고 있다. 이 개념은 일찍이 창세기 3장 15절에 예시되었다. "내가 너로 여자와 원수가 되게 하고 네 후손도 여자의 후손과 원수가 되게 하리니 여자의 후손은 네 머리를 상하게 할 것이요 너는 그의 발꿈치를 상하게 할 것이니라 하시고" 이것은 원시 복음, 즉 장차 임할 복음에 대한 최초의 암시다.

고난받는 메시아의 개념은 이사야서에서 고난받는 메시아라는 주제로 크게 확대되었다. 그리고 그 개념은 존경받는 선지자 시므온에 의해 예언되었다. "시므온이 그들에게 축복하고 그의 어머니 마리아에게 말하여 이르되 보라 이는 이스라엘 중 많은 사람을 패하거나 흥하게 하며 비방을 받는 표적이 되기 위하여 세움을 받았고 또 칼이 네 마음을 찌르듯 하리니 이는 여러 사람의 마음의 생각을 드러내려 함이니라 하더라"(눅 2:34-35).

우리는 예수님께서 언제부터 자신의 운명을 의식하기 시작하셨는지 정확히 알 수 없다. 하지만 예수님의 어머니는 그분의 생애 첫 주간이 지나서 찌르는 칼에 대한 예시를 받았다. 예수님은 12세 때 자신이 아버지의 집에 있어야 한다고 선언하셨다. 그때쯤 그분은 불가피성, 즉 자신이 반드시 수행해야 하는 의무를 의식하고 계셨다. 그렇게 이른 나이에 그 의무의 온전한 의미를 깨닫고 계셨는지의 여부는 추측의 문제다. 하지만 그분이 겟세마네 동산에 이르셨을 때쯤에는 놀랄 만한 일이 아니었다.

겟세마네 동산에서 그분은 슬픔에 잠겨 제자들에게 이렇게 말씀하셨다. "내 마음이 매우 고민하여 죽게 되었으니 너희는 여기 머물러 나와 함께 깨어 있으라"(마 26:38).

성경은 예수님이 조금 더 나아가사 감람나무 숲에 이르러 얼굴을 땅에 대고 기도하셨다고 기록한다. "조금 나아가사 얼굴을 땅에 대시고 엎드려 기도하여 이르시되 내 아버지여 만일 할 만하시거든 이 잔을 내게서 지나가게 하옵소서 그러나 나의 원대로 마시옵고 아버지의 원대로 하옵소서 하시고"(마 26:39). 이러한 역사적인 기록에 누가는 다음과 같은 말을 덧붙였다. "예수께서 힘쓰고 애써 더욱 간절히 기도하시니 땀이 땅에 떨어지는 핏방울같이 되더라"(눅 22:44).

하나님의 뜻을 신뢰하라

이와 같은 성경의 분명한 기록에 비추어볼 때, 우리는 "당신의 뜻이라면"이라는 말로 고통당하는 몸이나 영혼을 위해 기도하는 것이 잘못된 것이라는 사실에 깜짝 놀라게 된다. 우리는 고통이 임할 때 하나님께서 언제나 치유를 명하신다는 말을 듣는다. 그분이 고난과 아무 연관이 없으시기 때문에, 우리가 할 일은 믿음으로 응답을 구하는 것뿐이라는 것이다. 즉 우리는 하나님께서 "Yes"라고 말씀하시기도 전에 "Yes"를 구하도록 권면 받고 있다.

하지만 그런 생각은 성경적인 믿음을 왜곡시키고 있다! 그런 생각은 우리를 믿음에서 떠나 마술에 빠지도록 유혹하려는 악마의 마음속에서 생겨난다. 아무리 장황한 요설로도 그와 같이 그릇된 생각을 건전한 교리로 바꾸어놓을 수 없다.

하나님께서는 종종 "No"라고 말씀하신다. 우리가 그 반대를 구하고 싶어 할 때도 그분은 종종 우리에게 고난을 받고 죽음을 당하라고 명하신다. 겟세마네에서 그리스도께서 기도하신 것보다 더 간절히 기도한 사람은 없다. 어느 누가 믿음으로 기도하지 않았다고 예수님을 비난하겠는가! 그분은 땀이 땅에 떨어지는 핏방울같이 되도록 기도하시면서 아버지께 이렇게 간구하셨다. "할 만하시거든 이 잔을 내게서 지나가게 하옵소서."

예수님의 기도는 솔직하고 명료했다. 그분은 구원을 요청하셨다. 소름이 끼칠 만큼 쓴 잔을 제거해달라고 간구하셨다. 그분의 인성(人性)의 모든 부분이 그 잔으로부터 움츠러들었다. 그분은 아버지께 자신의 의무를 벗어날 수 있게 해달라고 애걸하셨다. 그러나 하나님께서는 "No"라고 말씀하셨다.

고난의 길은 성부 하나님의 계획이었다. 그것이 성부 하나님의 뜻이었다. 그분의 순수한 뜻이었다. 십자가는 사탄의 아이디어가 아니었다. 그리스도의 수난은 인간이 우발적으로 범한 사건의 결과가 아니었다. 그것은 가야바, 헤롯, 또는 빌라도의 우발적인 계략이 아니었다. 그 잔은 전능하신 하나님께서 준비하시고, 전하시고, 마시게 하신 것이었다.

때문에 예수님은 자신의 기도를 이렇게 제한하셨다. "만일 아버지의 뜻이거든." 예수님은 '정하고 구하지' 않으셨다. 그분은 아버지를 충분히 아셨으므로 그것이 아버지의 뜻이 아닐지도 모른다는 사실을 생각하셨다. 그 이야기는 다음과 같은 말로 끝나지 않았다. '그러자 아버지께서 자신이 계획한 악한 일을 뉘우치시고 그 잔을 제하셨으므로, 이후 예수님은 행복하게 사셨다.'

이러한 말은 신성모독에 가까운 것이다. 복음은 꾸민 이야기가 아니다. 성부 하나님께서는 그 잔을 놓고 타협하지 않으셨다. 예수님은 그 잔을 마지막 한 방울까지 다 마시도록 부름받으셨고, 그 소명을 받아들이셨다. "그러나 내 원대로 마시옵고 아버지의 원대로 되기를 원하나이다"(눅 22:42).

"그러나"라는 말은 최고의 믿음을 드러내는 기도였다. 믿음의 기도는 하나님께 우리의 뜻을 요구하는 것이 아니다. 그것은 요구를 들어주실 거라고 주제넘게 가정하는 것이다. 진정한 믿음의 기도는 예수님이 모범으로 보여주신 기도다. 그 기도는 언제나 순종의 태도로 드려진다. 우리는 우리의 모든 기도를 통해서 하나님을 하나님 되시게 해야 한다. 성부 하나님께 그분이 무슨 일을 하셔야 하는지 말할 사람은 아무도 없다. 아들조차도 마찬가지다. 기도는 언제나 하나님 아버지의 뜻에 겸손히 순종하는 태도로 드리는 간구가 되어야 한다.

또한 믿음의 기도는 신뢰의 기도이며, 믿음의 본질은 신뢰다. 우리는 하나님께서 무엇이 최선인지 알고 계심을 신뢰한다. 신뢰하는 태도에는 하나님 아버지께서 우리에게 행하기 원하시는 일을 기꺼이 행하려는 태도가 포함된다. 그런 신뢰가 겟세마네에서의 그리스도의 모습에서 구현되었다.

본문이 명확하게 밝히고 있지 않지만, 예수님이 자신의 간구에 대한 아버지의 뜻을 가지고 동산을 떠나셨다는 것은 분명한 사실이다. 그분은 욕설을 퍼붓거나 원한을 품지 않으셨다. 그분의 양식(糧食)은 아버지의 뜻을 행하는 것이었다. 아버지께서 "No"라고 말씀하시면, 그 문제는 결정된 것이었다. 예수님은 스스로 십자가를 준비하셨다. 그분은 예루살렘에서 도망치지 않으셨고, 오히려 마음을 정하여 그 성으로 들어가셨다.

고난을 통한 구속

그리스도의 생애와 수난에서 우리는 고난이 하나님께서 타락한 세상을 구속하시기 위해 선택하신 길이라는 사실을 보게 된다. 예수님은 간고를 많이 겪었으며 질고를 아는 분으로 알려지셨다. 그분의 생애와 사역은 이사야서에 나오는, 여호와의 고난받는 종에 대한 묘사를 통해 상세하게 진술되었다. 또한 우리는 사도행전에서 다음과 같이 매혹적인 이야기를 읽는다.

"주의 사자가 빌립에게 말하여 이르되 일어나서 남쪽으로 향하여 예루살렘에서 가사로 내려가는 길까지 가라 하니 그 길은 광야라 일어나 가서 보니 에디오피아 사람 곧 에디오피아 여왕 간다게의 모든 국고를 맡은 관리인 내시가 예배하러 예루살렘에 왔다가 돌아가는데 수레를 타고 선지자 이사야의 글을 읽더라 성령이 빌립더러 이르시되 이 수레로 가까이 나아가라 하시거늘 빌립이 달려가서 선지자 이사야의 글 읽는 것을 듣고 말하되 읽는 것을 깨닫느냐 대답하되 지도해주는 사람이 없으니 어찌 깨달을 수 있느냐 하고 빌립을 청하여 수레에 올라 같이 앉으라 하니라 읽는 성경구절은 이것이니 일렀으되 그가 도살자에게로 가는 양과 같이 끌려갔고 털 깎는 자 앞에 있는 어린 양이 조용함과 같이 그의 입을 열지 아니하였도다 그가 굴욕을 당했을 때 공정한 재판도 받지 못하였으니 누가 그의 세대를 말하리요 그의 생명이 땅에서 빼앗김이로다 하였거늘 그 내시가 빌립에게 말하되 청컨대 내가 묻노니 선지자가 이 말한 것이 누구를 가리킴이냐 자기를 가리킴이냐 타인을 가리킴이냐 빌립이 입을 열어 이 글에서 시작하여 예수를 가르쳐 복음을 전하니"(행 8:26-35).

여호와의 종은 누구인가? 에티오피아 내시는 빌립에게 지극히 중요한 질문을 했다. 그는 이사야서 53장을 읽고 혼란에 빠져 있었고, 요긴한 질문을 던졌다. "선지자가 이 말한 것이 누구를 가리킴이냐? 자기를 가리킴이냐, 타인을 가리킴이냐?"

이에 대한 빌립의 대답은 핵심을 찔렀다. 이사야는 바로 예수님에 관해 이야기하고 있었기 때문이다.

그 점이 너무도 분명하기 때문에 독자 중에는 내가 왜 시간을 들여서 이 문제를 장황하게 다루는 건지 이상하게 생각하는 사람도 있을 것이다. 신약성경이 예수님을 이스라엘의 고난받는 종과 동일시한다는 것은 설명할 필요가 없을 정도로 분명한 사실이다.

하지만 이것은 문제가 된다. 즉 난해한 문제를 야기하고 있다. 이 문제에는 예수님에 대한 우리의 이해뿐 아니라 우리 자신의 고난이라는 골치 아픈 문제가 연결되어 있다.

나는 예수님에 대한 신약성경의 이러한 묘사가 이 문제와 생사를 같이한다고 여긴다. 그리고 이러한 선언이 결코 과하다고 생각되지 않는다.

오늘날 많은 성경학자들이 예수님을 이사야서의 고난받는 종과 연결시키는 모든 언급을 신약성경의 기자들이 지어낸 이야기로 간주한다. 한마디로 성경을 기록한 기자들이 예수님의 역사를 '위조'(조작) 했다고 비난하는 것이다.

그들의 주장에 의하면 초기 교회는 예수님이 고난받고 죽으신 후에 그 모든 고난에 대한 설명을 만들어내야 했다. 그래서 이사야서의 고난받는 종과 예수님을 연결시킨 다음 예수님이 한 번도 하신 적 없는 말씀을 실제로 하신 것처럼 위조했다.

이처럼 비평가들은 성경적인 그리스도관을 반박하려고 시도했지만 결국 자가당착에 빠지고 말았다. 역사적인 예수님에 관해 조금이라도 알고 있는 사람이라면, 그분을 하나님의 종으로서 고난받고 죽으신 분으로 인식한다. 누가복음에서 예수님은 이렇게 말씀하셨다.

> "내가 너희에게 말하노니 기록된 바 그는 불법자의 동류로 여김을 받았다 한 말이 내게 이루어져야 하리니 내게 관한 일이 이루어져 감이니라"(눅 22:37).

여기서 예수님은 이사야서 53장을 직접 인용하시면서 자신을 하나님의 고난받는 종과 동일시하셨다. 이스라엘 민족은 고난받는 종이 되도록 부르심받았다. 그 소명은 이스라엘을 대표한 한 사람을 통해 개인화되고 결정되었다. 그 사람이 바로 예수님이었다.

예수님은 '우리를 위해' 고난을 당하신다. 그리고 우리는 그분의 고난에 동참하도록 부름받았다. 그분이 이사야의 예언을 유일하게 성취하는 분이라 해도, 이 소명을 우리에게 적용하는 길은 여전히 존재한다. 우리에게는 그리스도의 고난에 참여하는 의무와 특권이 동시에 주어져 있다.

이러한 개념이 사도 바울의 글에 신비스럽게 언급되어 있다.

"나는 이제 너희를 위하여 받는 괴로움을 기뻐하고 그리스도의 남은 고난을 그의 몸 된 교회를 위하여 내 육체에 채우노라"(골 1:24).

여기서 바울은 자기가 괴로움을 기뻐한다고 선언하고 있다. 그 말이 그가 고통과 고생을 즐긴다는 뜻이 아니라는 것은 분명하다. 오히려 그 기쁨의 원인은 고난의 의미에서 찾아볼 수 있다. "그리스도의 남은 고난을……채우노라."

표면적으로 바울의 설명은 놀라운 것이다. 그리스도의 남은 고난이 도대체 무엇이란 말인가? 그리스도께서 자신의 구속 사역을 절반만 마치시고 나머지를 바울이 완수하도록 기다리셨다는 말인가? 예수님이 십자가에서 "다 이루었다"고 말씀하시면서 진상을 과장하셨단 말인가?

그리스도의 남은 고난이 정확히 무엇일까? 가치 면에서 볼 때, 예수님의 고난에 뭔가 부족한 것이 있다고 말하는 것은 불경스러운 일이다. 그분의 대속적인 희생의 공로는 무한하다. 그분의 완전한 순종에는 아무것도 추가될 수 없다. 완전한 것보다 더 완전한 것은 있을 수 없다. 절대적으로 완전한 것은 증가되거나 감소될 수 없다.

예수님의 공로는 이제까지 범했거나 장차 범하게 될 모든 죄를 대속하기에 충분하다. 그분의 대속적인 죽음은 영단번에 이뤄졌기 때문에 반복될 필요가 없다. 구약의 희생제사들이 반복된 것은 그것이 장차 임할 실재(實在)의 불완전한 그림자였기 때문이다.

로마 가톨릭 교회는 그리스도의 공로에 추가되는 성인들의 공로 개념을 지지하려는 목적으로 이 구절을 인용했다. 이는 죄인들의 결함을 덮고 가리기 위한 그들의 방식이었다. 그러한 교리는 개신교 종교개혁이라는 회오리바람의 눈이었다. 마르틴 루터가 항의한 핵심이 바로 그리스도의 고난의 충족성과 완전성의 실추였다.

이 구절에 대한 로마 가톨릭의 해석을 엄격하게 부인한다 해도 여전히 문제가 남는다. 바울의 고난이 그리스도의 남은 고난에 공로로 추가되지 않는다면, 그것이 추가하고 있는 것은 무엇인가?

그리스도의 증인들

이 어려운 질문에 대한 답은 그리스도의 겸손에 참여하라는 소명에 대한 신약성경의 더 폭 넓은 가르침에 담겨 있다. 우리가 받는 세례는 그 자체로 우리가 그리스도와 함께 장사 지낸 바 된 사실을 나타낸다. 바울은 우리가 예수님의 겸손에 자발적으로 참여하지 않는 한 그분의 높아지심에도 참여하지 못할 것이라는 사실을 재차 언급하고 있다(딤후 2:11–12 참조).

바울은 자신의 고난이 교회에 유익이 된다는 사실을 기뻐했다. 교회는 그리스도를 모방하도록 부름받았다. 고난의 길을 가도록 부름받은 것이다. 바울이 가장 좋아한 비유는 인간의 몸을 이미지화한 것이었다. 교회는 그리스도의 몸으로 부름받았다. 따라서 교회를 "계속되는 성육신"이라고 부르는 것은 어느 정도 타당하다. 교회는 우리가 실제로 만날 수 있는, 지상에서의 신비로운 그리스도의 몸인 것이다.

그리스도께서는 교회를 자신과 너무나 밀접하게 연결시키신 나머지, 다메섹 도상에서 바울을 부르셨을 때 이렇게 말씀하셨다. "사울아, 사울아, 네가 왜 나를 핍박하느냐?" 사울은 예수님을 핍박하지 않았다. 예수님은 이미 하늘로 승천하셨고, 이미 바울의 적대 행위의 힘이 미치지 않는 곳에 계셨다. 사울은 단지 그리스도인들을 핍박하느라 바빴다. 그러나 예수님은 자신과 교회와의 그러한 결속 관계를 알고 계셨기 때문에 교회에 대한 공격을 자신에 대한 직접적인 공격으로 간주하셨다.

교회는 그리스도께 속한다. 교회는 그리스도로 말미암아 구속되었다. 교회는 그리스도의 신부다. 그리스도께서 교회에 내주하신다. 그러나 교회는 그리스도가 아니다. 그리스도는 완전하시지만 교회는 불완전하다. 그리스도는 구속하시는 주님이지만 교회는 구속받은 자들의 모임이다.

교회는 그리스도의 고난에 참여한다. 그러나 이 참여는 그리스도의 공로에 아무것도 추가하지 않는다. 그리스도인의 고난은 다른 사람들에게 유익을 끼칠 수 있지만, 대속에는 거의 영향을 미치지 못한다. 다시 말해 나는 어떤 사람의 죄도 대속할 수 없다. 내 죄도 마찬가지다. 그러나 나의 고난은 다른 사람에게 커다란 유익을 끼칠 수 있다. 나의 고난을 통해 우리를 대속하신 분을 증거하는 역할도 할 수 있다.

신약성경에서 '증거'를 뜻하는 말, '마르투스'(martus)에서 '순교자'(martyr)라는 단어가 파생되었다. 즉 그리스도의 대의를 위해 고난 받고 죽음을 당한 사람들이 순교자라고 불리는 것은 그들의 고난이 그리스도를 증거하기 때문이다.

예수님의 남은 고난은 하나님께서 자기 백성들에게 겪도록 명하신, 계속적인 고난이다. 하나님은 자신의 구속 계획을 성취하시기 위해 모든 세대의 사람들을 부르신다. 이 고난은 그리스도의 공로의 어떤 결함을 성취하기 위한 것이 아니라 완전하신 하나님의 고난받는 종으로서 증인이 되라는, 즉 우리를 향한 하나님의 뜻을 성취하기 위한 것이다.

이것이 실제로 무엇을 의미하는가? 나의 아버지 이야기로 돌아가 보자. 나는 아버지가 고통을 당하시는 동안 분명히 하나님께 '왜?'라고 질문했을 것이라 확신한다. 겉보기에 아버지의 고난은 무익해 보였다. 아무 타당한 이유 없이 고통을 받는 것처럼 보였다.

여기서 주의를 기울여야 한다. 나는 아버지의 고난이 나의 죄를 위한 대속이라고는 조금도 생각하지 않는다. 아버지가 고난당하신 궁극적인 원인에 관해 하나님의 마음을 읽을 수 있다고도 생각하지 않는다. 그러나 나는 다음과 같은 사실을 알고 있다. 아버지의 고난은 나의 삶에 심오한 영향을 끼쳤다. 내가 그리스도를 알게 된 것도 아버지의 죽음을 통해서였다. 아버지가 고난을 받고 죽음을 당한 궁극적인 원인이 내가 그리스도인이 되는 것이었다는 뜻은 아니다. 나는 그 일에 대한 하나님의 주권적인 이유를 알지 못한다. 그러나 나는 하나님께서 나를 위해 그 고난을 구속적인 방법으로 사용하셨다는 사실을 알고 있다. 아버지의 고난은 나를 고난받는 구주의 품안으로 인도했던 것이다.

우리는 그리스도를 따르는 자들이다. 우리는 겟세마네 동산까지 그분을 따라간다. 심판의 자리까지 그분을 따라간다. 고난의 길을 따라 그분을 따라간다. 죽음에 이르기까지 그분을 따라간다.

그러나 복음은 우리가 천국 문을 통해서 그분을 따라간다고 선언한다. 우리가 그분과 함께 고난을 받았기 때문에 그분과 함께 일으킴을 받을 것이다. 만일 우리가 그분과 함께 낮아진다면 그분과 함께 높아질 것이다.

이와 같이 우리의 고난이 무익하지 않은 것은 그리스도 때문이다. 우리의 고난은 고난의 길을 통해 세상을 구속하신 하나님의 전반적인 계획의 일부다.

# 3. 고난에 대한 사례 연구

어느 큰 회사의 부사장이 그 회사의 어떤 지역 관리인을 몹시 시기하게 되었다. 하지만 지역 관리인은 그 이사회의 이사장과 친밀한 인격적 관계를 맺고 있었다. 결국 질투에 사로잡힌 부사장은 이사장에게 다음과 같은 제안과 함께 불평을 늘어놓았다.

"호킨스를 제거해야 한다고 생각합니다."

"이유가 뭔가? 그는 우리 회사에서 가장 생산적인 관리인 중 한 사람 아닌가? 나는 그가 아주 일을 잘하고 있다고 생각하네. 게다가 그는 우리 회사에서 가장 충성스러운 직원이야."

"충성스럽다고요? 이사장님은 그가 충성스럽다고 생각하십니까? 하긴, 그가 충성스럽다는 것이 이상할 건 없죠."

부사장은 비꼬는 투로 말했다.

"그는 언제나 당신에게 아첨을 하지요. 그가 충성스러운 것은 당신이 그에게 월급을 많이 주기 때문입니다. 당신은 그에게 그 누구도 받지 못하는 혜택을 베풀고 있습니다. 게다가 당신은 그의 주변에 보호벽을 쌓아 놓았습니다. 그가 당신 마음에 드는 친구라는 사실을 모르는 사람은 아무도 없습니다. 당신이 그에게 압박을 가할 경우에도 그가 계속해서 충성스러울지 궁금하군요. 그의 월급을 깎고 그가 얼마나 충성을 다하는지 한번 지켜보시지요."

이사장은 기분이 나빴지만 그의 도전을 받아들였다.

"좋아, 그렇게 해보지. 지금 즉시 그의 월급을 감봉하게. 그리고 약간의 압박을 가하게. 그렇게 해도 나는 자네가 호킨스의 충성하는 모습을 보게 될 것이라고 생각하네."

그러자 부사장은 비웃으면서 이렇게 말했다.

"제게 맡겨주십시오. 그는 분명 순식간에 당신과 회사를 배신할 겁니다."

그는 이사장실을 떠나 호킨스를 몰락시키려는 계획을 세우는 데 착수했다. 그는 먼저 호킨스의 월급을 절반으로 깎았다. 그런 다음 호킨스의 동료 중 일부에게 접근해서 그들을 자기 계획에 끌어들였다. 그들은 기꺼이 가담했다. 그들은 호킨스의 생산 실적 기록을 무너뜨리기 위해 사보타주 계획을 꾸몄다. 또한 보고서를 허위로 작성하고 공장 안의 기계들을 망가뜨렸다. 호킨스의 공장은 갑자기 품질 검사가 제대로 이뤄지지 않은 데 불평을 늘어놓는 고객들로 둘러싸이게 되었다.

그렇게 계속 압박이 가해졌다. 부사장과 그의 하수인들은 그 지역 관리인을 "스테인리스 스틸 호킨스"라고 불렀다. "호킨스는 거룩한 조(호킨스가 성이고 조는 이름이다-역주)야. 그는 자기가 다른 사람들보다 낫다고 생각하지. 이제 응분의 대가를 치를 때가 된 거야."

그러나 호킨스는 수월하게 그 상황을 헤쳐 나갔다. 그는 자기에게 일어난 불가해한 문제들을 해결하기 위해 더 열심히 일했고, 이것은 적들의 적개심에 기름을 붓는 격이 되었다.

그러자 적들은 그를 더 압박하기 시작했다. 공장 안에서 '사고'가 일어나기 시작했다. 음모자들은 호킨스의 가족을 괴롭히기 시작했고, 설상가상으로 호킨스는 갑자기 병이 들었다. 사실 그 병의 원인도 의심스러웠다. 부사장이 어느 의사를 매수하여 호킨스의 식사에 박테리아를 집어넣었던 것이다.

결국 호킨스의 세계는 무너지기 시작했다. 그의 질병에는 대가가 따랐고, 공장의 생산량 급강하와 더불어 호킨스의 명성이 차츰 흐려지기 시작했다. 절친한 친구 중 몇 사람이 찾아와서 날카롭게 그를 비난했다.

"뭐가 문제지, 호킨스? 너는 뭔가를 잃었어. 자네 실적이 줄어들었더군. 회사에서 자네 봉급을 깎은 것도 이상한 일이 아니지."

호킨스의 친구들은 그에 대한 이전의 판단이 틀렸었다고 생각하기 시작했다. 그들은 호킨스의 삶이 그렇게 갑작스럽고도 철저하게 악화 일로를 걷게 된 것을 볼 때, 분명 그가 어떤 잘못을 저지른 것이 틀림없다고 생각했다.

친구 중 한 사람이 '영적인' 조언을 하려고 그를 찾아와 이렇게 말했다.

"조, 자네를 사랑하는 마음으로 한마디 해야겠네. 자네가 겪어온 문제들은 분명히 하나님으로부터 온 것일세. 나는 그것이 자네의 삶에서 회개하지 않은 죄에 대한 일종의 벌이라고 생각하네. 자네가 죄를 회개하면 아마도 사태가 호전될 걸세."

그러나 호킨스는 이렇게 대답했다.

"자네 말이 맞을지도 몰라. 하지만 나는 이런 일을 당해도 마땅한 죄를 범한 적이 있는지를 기억할 수 없다네. 물론 그 문제에 관해 내 영혼을 철저하게 조사해야지."

"이사장까지 자네 봉급을 절반으로 감봉했네. 그것이 자네에게 뭔가 시사해주지 않는가?"

"글쎄, 이사장에게는 그렇게 할 권한이 있지. 그는 언제나 나를 정당하게 대접해주었어. 나는 그가 지금 무슨 일을 하고 있는지 알고 있을 거라 확신하네. 그의 행동에 분명 타당한 이유가 있을 거야."

어느 순간 조의 아내까지 끼어들었다. 어느 날 밤 그녀는 이렇게 말했다. "여보, 이제 직장을 사임할 때가 됐다고 생각해요. 당신 건강도 나빠지고, 회사도 당신을 쓸모없는 사람처럼 취급하고 있어요. 성실하게 여러 해 동안 봉사한 대가가 결국 이런 것이군요. 그만두고 다른 곳에서 다시 시작해요. 이런 직장을 위해서 일한다는 건 미친 짓이에요."

그러나 조는 이렇게 대답했다.

"그렇지 않아요, 여보. 나는 떠날 수가 없소."

"왜 그럴 수 없다는 거죠?"

"내가 지금까지 남아 있을 수 있었던 건 이사장 덕분이야."

"당신 미쳤어요? 당신은 그에게 빚진 것이 없어요. 당신은 인생의 가장 귀한 시절을 그에게 바쳤다고요. 그런데 이게 뭐예요? 빚을 진 건 그 사람이에요. 왜 그런 사실을 직시하지 못하는 거죠? 이사장은 당신이 생각하는 것만큼 좋은 사람이 아니에요."

그러자 조는 화를 내며 이렇게 대답했다.

"그렇지 않아요! 나는 그가 고의적으로 나를 부당하게 대했다고는 믿을 수 없소."

"그렇다면 그에게 직접 이야기를 들어봐야겠군요. 그 사람이 대체 뭐라고 할지 듣고 싶어요."

"알았소. 그에게 이야기해 보겠소."

다음 날 조는 이사장을 만나기로 약속했다. 티크 나무로 장식된 그의 사무실에 들어섰을 때, 이사장은 친절하게 조를 맞아주었다.

"조, 무슨 일인가?"

조는 곧바로 본론으로 들어갔다. 그리고 격분하며 그에게 불만을 터뜨렸다.

"도대체 무슨 일이 일어나고 있는 겁니까? 당신은 내 월급을 절반으로 깎았습니다. 한 떼의 도둑이 내 공장을 사보타주하는 것을 보고도 수수방관했습니다. 내게 의료 혜택도 제공하지 않았습니다. 내가 무슨 일을 했기에 이런 대접을 받는 겁니까? 여러 해 동안 당신과 회사에 충성을 다했는데 당신은 나를 이렇게 취급하고 있어요. 당신은 도대체 어떤 사람입니까?"

이사장은 끝까지 참으며 조의 통렬한 비난에 귀 기울였다. 그런 다음 이렇게 말했다.

"자네에게 몇 가지 물어보겠네. 자네가 이 회사의 주인인가?"

"아닙니다."

"자네가 처음부터 이 공장을 세우고 관리했는가? 이 일에 자네의 전 재산을 걸었는가? 모든 비용을 지불했는가? 자네가 이사회의 이사장인가?"

이 모든 질문에 조는 앉아서 머리를 가로저으며 "아닙니다."라고 대답했다.

"말해 보게, 조. 자네가 어떤 자격으로 회사를 운영하는 방법을 놓고 내게 이렇게 하라 저렇게 하라 말하는 건가? 나는 자네에게 약속한 모든 것을 넘치도록 주었네. 계약서를 보게. 거기에 내가 자네에게 보너스를 지불해야 한다는 규정이 명확하게 적혀 있는가?"

다시 한 번 조는 정직하게 대답할 수밖에 없었다.

"아닙니다. 당신은 내게 정말 과분한 친절을 베풀어 주셨습니다."

"조, 자네는 내가 변했다고 생각하는가? 내가 여기서 무슨 일이 일어나고 있는지 모른다고 생각하는가? 나는 자네가 부당한 대접을 받아왔다는 사실을 알고 있어. 그 공장에서 어떤 일이 일어났는지도 정확히 알고 있지. 내 눈을 벗어날 수 있는 것은 아무것도 없다네. 나는 그 문제를 조심스럽게 검토해왔어. 조, 자네에게 나를 위해 일을 좀 해달라고 부탁하려 하네. 자네는 그동안 나를 신뢰했어. 지금도 그렇게 해주게. 조금 시간이 걸리겠지만, 반드시 문제를 해결할 거야. 그때까지 참을성 있게 기다려주게. 내게는 계획이 있다네. 자네를 해치려고 음모를 꾸민 사람들은 마땅한 대가를 치르게 될 걸세. 정말 내가 그들을 내버려둘 것이라고 생각하는가?"

두려움을 느낀 조는 떠듬거리며 변명하기 시작했다.

"죄송합니다. 내게는 당신을 비난할 권리가 없습니다. 이제 다시는 불평하지 않겠습니다. 이제 내 입에서 불평의 말을 한 마디도 듣지 못하시게 될 겁니다. 당신 뜻대로 하십시오. 당신을 신뢰합니다."

이사장은 미소를 지었다. 그리고 인터폰으로 비서에게 이렇게 말했다.

"프랭클린 부인, 즉시 부사장을 내 사무실로 오게 하시오. 그에게 해고 통지서를 주려 하오."

그런 다음 다시 조에게 말했다.

"아직 떠나지 말게, 조. 자네에게 할 말이 남아 있네. 내일 아침 자네는 우리 회사의 부사장으로 임명될 거야. 그리고 감봉되기 전보다 두 배 더 많은 월급을 받게 될 걸세. 지금 의사 한 명이 자네의 병을 치료하기 위해 애틀랜타에서 오고 있어. 자네는 내게 충성을 다했고, 다른 어떤 직원보다 충성스러웠지. 자네는 뒤에서 나를 욕하지 않고 많은 일을 겪었네. 지금은 자네의 무죄를 입증할 때일세."

그 말을 들은 조는 이렇게 부르짖었다.

"알고 있었습니다. 솔직히 당신을 의심한 순간이 있기는 했지만, 마음속 깊은 곳에서 당신이 모든 것을 바로잡아 주실 것이라는 사실을 알고 있었습니다. 지금 나는 당신에게 했던 모든 비난의 말 때문에 당혹감을 느낍니다. 저를 용서해주실 수 있겠습니까?"

"조, 염려하지 말게. 내가 잘하는 일 중 하나가 바로 용서하는 일일세. 나는 용서가 전공이야."

죄와 고난의 연관성

지금쯤 당신은 이것이 성경의 인물, 욥의 이야기를 현대적으로 바꾼 것이라는 사실을 알아차렸을 것이다. 욥의 이야기는 인간의 고난에 대한 사례 연구다. 욥기는 이 세상에서 극단적인 불행을 겪은 한 의로운 사람의 드라마를 연대기적으로 기록하고 있다. 그의 불행은 그를 향한 친구들의 무감각으로 더 커졌다. 그들은 성경이 금하고 있는 억측을 자행했다. 그들은 욥의 고난이 그의 죄와 정비례한다고 생각했다. 이 세상에서 고난과 죄 사이에 비례 관계가 성립된다고 보았던 것이다. 때문에 그들은 욥의 고난이 엄청난 것을 볼 때, 그의 죄 역시 엄청난 것이 틀림없다고 생각했다.

그러나 하나님께서는 이러한 등식을 허용하지 않으신다. 날 때부터 맹인 된 사람에 대해 예수님은 이렇게 말씀하셨다.

"예수께서 길을 가실 때에 날 때부터 맹인 된 사람을 보신지라 제자들이 물어 이르되 랍비여 이 사람이 맹인으로 난 것이 누구의 죄로 인함이니이까 자기니이까 그의 부모니이까 예수께서 대답하시되 이 사람이나 그 부모의 죄로 인한 것이 아니라 그에게서 하나님이 하시는 일을 나타내고자 하심이라"(요 9:1-3).

논리학에서는 그릇된 양도논법의 오류(the fallacy of the false dilemma)라고 부르는 변칙의 오류가 존재한다. 그것은 종종 양자택일의 오류라고도 일컬어진다. 이러한 추론상의 오류는 사실상 세 가지 이상의 선택권이 존재할 때 마치 가능한 설명이 두 가지만 허용되는 것처럼 어떤 문제가 제시될 때 일어난다.

물론 어떤 문제들은 정말로 양자택일의 성격을 갖고 있다. 예를 들어 하나님께서는 존재하시든지 존재하지 않으시든지 둘 중 하나다. 세 번째 선택권은 존재하지 않는다. 그러나 어떤 문제에서 선택권이 두 가지로 줄여질 수 있다는 사실이 모든 질문에 그렇게 적용된다는 의미는 아니다. 이것이 제자들이 날 때부터 맹인 된 사람에 대해서 범한 오류였다.

제자들은 그 문제에 두 가지 설명만 가능하다고 생각했다. 즉 그 맹인이 앞을 못 보게 된 것은 그가 지은 죄의 직접적인 결과이거나 그 부모의 죄의 결과, 둘 중 하나로 생각했던 것이다.

그들의 생각은 잘못된 것이었다. 그러나 전적으로 근거가 없는 생각은 아니었다. 그들은 한 가지 가정(假定)에서 옳았다. 그들은 성경을 충분히 알고 있었고, 고난과 죄 사이에 연관성이 있다는 사실 또한 알고 있었다. 즉 고난과 죽음이 죄 때문에 세상에 들어왔다는 사실을 깨닫고 있었다. 죄가 세상에 들어오기 전에는 고난이나 죽음이 존재하지 않았던 것이다.

죽음은 부자연스럽다. 타락한 인간에게는 자연스러울 수 있지만 처음 창조된 인간에게는 결코 자연스러운 것이 아니었다. 처음에 인간은 죽도록 창조되지 않았다. 반드시 죽는 것이 아닌, 가능성을 가진 존재로 창조되었다. 죽음은 죄의 결과로 시작되었다. 따라서 죄가 존재하지 않는다면 죽음도 존재하지 않는다. 죄가 들어왔을 때 타락의 저주가 추가되었다. 다시 말해 모든 죽음과 고난은 죄로부터 흘러나온다.

제자들은 또 다른 점에서도 부분적으로 옳았다. 그들은 한 사람의 죄와 그의 고난 사이에는 종종 직접적인 연관이 있다는 사실을 의식하고 있었다. 일례로 하나님께서는 모세에게 죄를 범한 심판으로 미리암에게 한센병을 가하셨다(민 12:9-10).

제자들의 오류는 한 사람의 고난과 죄 사이에 언제나 직접적인 연관, 고정된 비례 관계가 존재한다고 억측한 데 있었다.

이 세상에서 어떤 사람들은 자기 죄의 대가보다 훨씬 적은 고난을 받는다. 반면 어떤 사람들은 자기 죄의 대가보다 훨씬 많은 고난을 받는다. 이러한 불균형은 다음과 같은 다윗의 부르짖음에 잘 나타나 있다. "여호와여 악인이 언제까지, 악인이 언제까지 개가를 부르리이까"(시 94:3).

누구나 다른 사람들의 손에 무고하게 고난을 당할 때가 있다. 그런 일이 일어날 때 우리는 불의의 희생제물이 된다. 그러나 그 불의는 수평적인 차원이다. 수직적인 차원에서 불의를 당하는 사람은 아무도 없다. 즉 하나님과의 관계에서 불의를 당하는 사람은 아무도 없다. 따라서 우리가 죄책을 지고 있는 한, 우리는 하나님께서 우리에게 고난을 허락하시는 것에 항의할 수 없다.

만일 누군가가 나를 부당하게 고난당하도록 만든다면, 나는 욥이 그랬듯 하나님께 무죄를 입증해달라고 호소할 권리가 있다. 하지만 그러한 고난이 내게 임하도록 허락하신 것에 대해 하나님께 불평을 늘어놓아서는 안 된다.

우리는 다른 사람들과의 관계에서 무죄할 수 있다. 하지만 하나님과의 관계에서는 무죄한 희생제물이 될 수 없다. 하나님께 다른 사람들과의 관계에서 공의를 베풀어달라고 간구하는 것과 하나님과의 관계에서 공의를 요구하는 것은 별개의 일이다. 죄인이 하나님께 공의를 구하는 것만큼 위험한 요구는 없다. 내게 일어날 수 있는 최악의 일은 바로 하나님의 순수한 공의를 받는 것이다.

"하나님은 그것을 선으로 바꾸사"

이 모든 사항을 고려해도, 여전히 제자들이 그릇된 양자택일의 오류를 범했다는 사실이 남는다. 그들은 그 맹인이 눈먼 이유를 두 가지 설명(그 사람의 죄, 혹은 그 부모의 죄)으로 제한시켰다. 하지만 그들이 고려하지 못한 설명이 하나 더 있었다.

예수님은 "둘 다 아니다!"라고 말씀하심으로써 그릇된 양자택일을 일소하셨다. 그 사람이 날 때부터 맹인이었던 이유는 그의 죄 때문이 아니었다. 그 부모의 죄 때문도 아니었다. 예수님은 그 이유에 대해 "그에게서 하나님의 하시는 일을 나타내고자 하심이니라"고 선언하셨다.

그 사람은 하나님의 영광을 위해 눈이 머는 고통을 당했다. 이것은 우리 주님께서 계시하신 놀라운 결론이자, 우리에게 지극히 중요한 교훈이다. 그것은 고난의 '이유'에 관하여 성급한 결론을 내리지 못하도록 우리에게 경고하는 역할을 한다.

하나님께서는 그 사람의 맹인 됨을 자신의 더 큰 영광을 위해 사용하셨다. 여기서 질병과 고난이라는 '악'이 하나님을 섬기는 데 사용되는 것을 알 수 있다. 그분은 질병과 고난을 이기시고 그것들을 통해 자신의 영광스러운 계획을 성취하신다. 우리는 요셉이 자기 형들에게 당한 끔찍한 고난을 기억한다. 그러나 그들의 배신 때문에 전 역사를 향한 하나님의 계획이 성취되었다.

요셉은 자기 형제들과 화해한 순간에 이렇게 부르짖었다. "당신들은 나를 해하려 하였으나 하나님은 그것을 선으로 바꾸사 오늘과 같이 많은 백성의 생명을 구원하게 하시려 하셨나니"(창 50:20).

여기서 우리는 악을 통해서도 구원을 이루시는 하나님을 본다. 물론 그것이 요셉 형제들의 악을 덜 악하게 만들지는 않는다. 유다의 배신은 악한 행위였다. 그것은 요셉이 그 형제들의 불의의 희생제물이 된 것처럼 예수님께도 불의한 고난을 가하였다. 그러나 모든 불의와 고통과 고난을 넘어 악을 이기시고, 악을 통해 자신의 구원 계획을 이루시는 주권자 하나님이 계신다.

상황에 관계없이 의지하라

예수님이 그 맹인에 관해 선언하신 내용은 욥기에 분명하게 서술되어 있다. 제자들이 만일 욥기에 통달했었다면, 아마도 양자택일의 오류에 빠지지 않았을 것이다. 즉 그들의 실수는 욥의 친구들이 범한 실수와 동일한 것이었다.

욥은 그를 비난하는 친구들의 말에 다음과 같이 의미심장하게 답했다.

"이런 말은 내가 많이 들었나니 너희는 다 재난을 주는 위로자들이로구나 헛된 말이 어찌 끝이 있으랴 네가 무엇에 자극을 받아 이같이 대답하는가 나도 너희처럼 말할 수 있나니 가령 너희 마음이 내 마음 자리에 있다 하자 나도 그럴 듯한 말로 너희를 치며 너희를 향하여 머리를 흔들 수 있느니라 그래도 입으로 너희를 강하게 하며 입술의 위로로 너희의 근심을 풀었으리라"(욥 16:2-5).

또한 욥이 자기 아내에게서 받은 충고를 생각해보라.

"욥이 재 가운데 앉아서 질그릇 조각을 가져다가 몸을 긁고 있더니 그의 아내가 그에게 이르되 당신이 그래도 자기의 온전함을 굳게 지키느냐 하나님을 욕하고 죽으라 그가 이르되 그대의 말이 어리석은 여자의 말 같도다 우리가 하나님께 복을 받았은즉 화도 받지 아니하겠느냐 하고 이 모든 일에 욥이 입술로 범죄하지 아니하니라"(욥 2:8-10).

우리가 고난 중에 직면하게 되는 힘든 일 중 하나는 씨름을 포기하라는 선의의 조언을 받는 것이다. 이러한 조언은 대개 우리와 매우 가깝고, 우리를 가장 사랑하는 사람들에게서 듣게 된다.

베드로가 예수님을 만류한 사건에서 보았듯이, 예수님께 예루살렘에 가지 말라고 한 사람들은 그분의 가장 친한 친구들이었다. 욥에게 "하나님을 욕하고 죽으라"고 말했던 사람도, 고통을 줄이기 위해 순전함을 버리고 타협하라고 부추긴 것도 다름 아닌 그의 아내였다. 그녀는 선의를 품고 있었고, 자기 남편을 동정했다. 그래서 남편에게 쉬운 길을 택하라고 권유했다. 하지만 그녀의 말은 욥의 좌절감을 더 크게 만들었을 뿐이다. 욥은 하나님께서 왜 자기가 고난받게 하시는지 이해하지 못했지만, 하나님께서 고난받도록 부르셨다는 사실만큼은 이해하고 있었다. 사랑하는 사람들이 그에게 그런 식으로 말하지 않아도, 자기 소명에 충실하려는 것만으로 그에게 충분히 어려운 상황이었다.

캘리포니아주 가든그로브에 있는 수정교회(Crystal Cathedral)를 방문했을 때, 나는 로버트 슐러 목사를 돕는 부목사들 중 한 사람의 인도로 그 교회를 두루 돌아보게 되었다. 거기서 스칸디나비아 출신 조각가가 돌로 만든 조상(彫像)인 욥의 전신상을 보게 되었다. 나는 그 장엄한 예술품이 주는 강한 느낌에 압도당했다. 그 조상은 고통으로 뒤틀린 욥의 몸을 묘사하고 있었다. 자세하게 조각된 근육이 마치 미켈란젤로의 작품을 떠올리게 했다.

그 조상을 응시하는 동안 나는 철학자 헤르더가 표명한, 미학의 원칙을 따르는 예술가들이 채택했던 기술을 생각했다. 그것은 '함축성 있는 순간'의 원칙이다.

이를테면 화가와 조각가들은 그들의 솜씨를 영화 카메라나 텔레비전 녹화기를 통해 드러내지 않는다. 그들의 대상은 정지되어 있다. 마치 어느 특정한 순간에 얼어붙은 것과 같다.

따라서 예술가의 목표는 그 대상에 얽힌 사연을 이야기해주는 함축성이 있는 순간, 혹은 의미심장한 순간에 초점을 맞춤으로써 대상의 정화(晶化)된 본질을 포착하는 것이다. 그것이 렘브란트가 한 장면을 그리기 전에 성경에 나오는 인물들의 삶 여러 장면을 스케치한 이유다. 물맷돌에 손을 내미는 미켈란젤로의 '다비드상'이 그것을 보여준다. 깊은 묵상에 잠겨 있는 로댕의 '생각하는 사람'도 마찬가지다. '피에타'에서 어머니의 팔에 안겨 있는 그리스도의 몸도 다를 바 없다.

수정교회 정원에 욥의 이미지를 조각한 그 조각가도 고통의 구렁텅이에 빠져 있는, 함축성 있는 순간에 처한 욥을 포착했다. 그 조상의 대좌(臺座)에는 다음과 같은 말씀이 새겨져 있었다.

"그가 나를 죽이시리니 내가 희망이 없노라 그러나 그의 앞에서 내 행위를 아뢰리라"(욥 13:15).

이 말씀을 보고 나는 그 자리에서 조용히 울었다. 죽음을 면할 수 없는 인간이 고백한 그 어떤 영웅적인 말도 욥의 입술에서 흘러나온 증거에는 미치지 못할 것이다.

"그가 나를 죽이시리니 내가 희망이 없노라 그러나 그의 앞에서 내 행위를 아뢰리라."

고난받는 이유

욥의 신뢰는 다소 흔들렸지만 결코 소멸되지 않았다. 그는 자신의 불행을 한탄했고, 울었고, 항의했고, 의문을 품었다. 자기가 태어난 날을 저주하기까지 했다. 그러나 그는 자신의 유일한 소망이신 하나님을 신뢰하고 그분께 매달렸다. 때로 근근이 매달려 있었지만 끝까지 포기하지 않았다. 스스로를 저주했고 아내도 꾸짖었지만, 결코 하나님을 욕하지는 않았다.

또한 욥은 자신의 질문들에 대답해달라고 하나님께 부르짖었다. 그는 자기가 그런 고통을 당해야 하는 이유를 간절히 알고 싶어 했다. 마침내 하나님은 폭풍 가운데서 그에게 답하셨다. 그러나 욥이 기대했던 답변이 아니었다. 하나님은 욥에게 고통을 허락하신 이유를 자세하게 설명해주지 않으셨다. 자신의 은밀한 섭리를 욥에게 밝히지 않으셨다.

하나님께서 욥에게 주신 유일한 답변은 자신에 대한 계시였다. 마치 이렇게 말씀하시는 것 같았다. "욥, 내가 네 질문에 대한 답이다." 욥은 어떤 계획이 아닌 인격체, 즉 주권적이시고 지혜로우시고 선하시고 인격적인 하나님을 신뢰할 것을 요구받았다. 마치 이렇게 말씀하시는 것 같았다.

"내가 누구인지 배워라. 네가 나를 알 때, 모든 것을 해결할 수 있는 충분한 지식을 얻게 될 것이다."

하나님은 욥에게 절대적인 믿음을 실천하라고 요구하셨다. 절대적인 믿음은 맹목적인 믿음이 아니다. 그것은 비전이 있는 믿음이며, 그 비전은 하나님의 성품에 대한 지식으로 계몽된 비전이다.

만일 하나님께서 우리에게 자신에 관하여 아무것도 계시하지 않으신 채 그런 암흑 속에서도 신뢰하라고 요구하신다면, 그것은 맹목적인 믿음이 될 것이다. 즉 우리는 맹목적인 믿음의 도약을 통하여 암흑의 심연으로 들어가도록 요구받는 것이 된다.

그러나 하나님은 결코 그러한 도약을 요구하지 않으신다. 그분은 우리에게 무조건 어둠 속으로 뛰어들라고 명하지 않으신다. 오히려 어둠을 버리고 빛으로 들어가라고 명하신다. 그것은 그분의 얼굴빛이며, 그분의 인격의 밝은 빛이다. 거기에는 회전하는 그림자도 없다. 우리가 그분의 영광스러운 인격에 둘러싸일 때, 신뢰는 맹목적이지 않다.

욥은 "그가 나를 죽이시리니 내가 희망이 없노라 그러나 그의 앞에서 내 행위를 아뢰리라"(킹제임스 성경에는 '내가 그를 신뢰하리라[trust]' 로 번역되어 있다-역주) 선언했을 때, 하나님에 대한 그의 지식이 제한되어 있었음에도 그 지식이 심오했다는 사실을 보여준다. 그는 하나님의 미쁘신 성품을 알고 있었다. 미쁘다는 것은 신뢰할 만한 가치가 있음을 의미한다.

참으로 하나님은 신뢰할 만한 분이시다. 그분은 자신에 대한 우리의 신뢰를 귀하게 여기신다. 우리가 그분의 완전하심을 이해할수록 그분이 미쁘시다는 사실도 이해하게 된다. 그것이 그리스도인의 순례가 믿음에서 믿음으로, 능력에서 능력으로, 은혜에서 은혜로 나아가는 이유다. 그 여정은 점점 올라가는 점층법의 패턴을 따른다. 그리고 그 전진 과정은 아이러니하게도 고난과 환난을 통해 이뤄진다. 그것이 바울이 다음과 같이 쓸 수 있었던 이유다.

"다만 이뿐 아니라 우리가 환난 중에도 즐거워하나니 이는 환난은 인내를, 인내는 연단을, 연단은 소망을 이루는 줄 앎이로다 소망이 우리를 부끄럽게 하지 아니함은 우리에게 주신 성령으로 말미암아 하나님의 사랑이 우리 마음에 부은 바 됨이니"(롬 5:3-5).

다른 역본에서는 "소망이 우리를 부끄럽게 하지 아니함"이라는 구절을 우리가 부끄러워하거나 당황하지 않는 이유가 되는 소망으로 언급한다.

맹목적인 믿음처럼 맹목적인 소망은 분명 우리를 부끄럽게 만들 것이다. 맹목적인 소망은 우리로 하여금 암흑 속에서 목적 없이 헤매게 한다. 마치 보이지 않는 장애물에 걸려 넘어지는 것과 같다. 모든 소망을 단일한 목표에 두고 그 목표를 성취하지 못하는 것은 부끄러운 일이다.

또한 맹목적인 소망은 당혹스러울 수 있다. 우리의 담대함이 좋은 결과를 내지 못할 때 우리는 수치를 느끼게 되지만 그리스도 안에 소망을 둔 사람은 당황하지 않을 것이다. 반면 다른 것에 소망을 둔 사람들은 부끄러움을 당하게 될 것이다. 이뤄지지 않는 소망은 죽음을 극복할 수 없는 소망이다.

만일 내가 죽음을 극복하는 능력을 소유하신 분이 아닌 어떤 물건이나 사람에 소망을 둔다면, 결국 부끄러움을 당하게 될 것이고, 고난이 나를 절망으로 몰고 갈 것이다. 뿐만 아니라 나의 인격도 산산조각 날 것이다.

고난과 환난의 시기에 우리가 인내할 수 있도록 만들어주는 것이 그리스도의 소망이다. 우리는 우리보다 앞서 죽음을 맛보시고 정복하신 분 안에 닻을 내린 채 안식을 누리고 있다.

4. 믿음 안에서 죽는 것

죽음에 관한 의문 중에서 우리를 성가시게 하는 것은 만일 우리가 죽지 않는다면 어떻게 될까, 하는 것이 아니다.

인생에서 가장 확실한 것 두 가지는 죽음과 세금이라는 다소 무서운 농담이 있다. 사실 어떤 사람들은 근근이 세금을 피하기도 한다. 그러나 죽음을 피할 수 있는 유일한 길은 그리스도께서 재림하실 때까지 살아 있는 것뿐이다.

처음에 나는 앞 문장을 이렇게 썼다. '죽음을 피할 수 있는 유일한 길은 그리스도께서 재림하실 때 살아 있는 것뿐이다.' 그러나 이 문장이 오해의 소지가 있고 최악의 경우 이단적으로 느껴질 수도 있어 나중에 단어를 조금 바꾸었다.

신약성경은 그리스도 안에 있는 사람들이 그분이 재림하실 때 분명히 살아 있게 될 것이라 단언하고 있다. 그러므로 우리가 만일 그분이 재림하시기 전에 죽는다면, 부활하여 그분의 영광스러운 재림을 목격하게 될 것이다.

"형제들아 자는 자들에 관하여는 너희가 알지 못함을 우리가 원하지 아니하노니 이는 소망 없는 다른 이와 같이 슬퍼하지 않게 하려 함이라 우리가 예수께서 죽으셨다가 다시 살아나심을 믿을진대 이와 같이 예수 안에서 자는 자들도 하나님이 그와 함께 데리고 오시리라 우리가 주의 말씀으로 너희에게 이것을 말하노니 주 강림하실 때까지 우리 살아남아 있는 자도 자는 자보다 결코 앞서지 못하리라 주께서 호령과 천사장의 소리와 하나님의 나팔 소리로 친히 하늘로부터 강림하시리니 그리스도 안에서 죽은 자들이 먼저 일어나고 그 후에 우리 살아남은 자들도 그들과 함께 구름 속으로 끌어올려 공중에서 주를 영접하게 하시리니 그리하여 우리가 항상 주와 함께 있으리라 그러므로 이러한 말로 서로 위로하라"(살전 4:13-18).

여기서 사도 바울은 보통 성도들의 휴거라 일컬어지는 것을 생생하게 묘사하고 있다.

휴거에서 제외되는 그리스도인은 하나도 없을 것이다. 또 휴거가 일어날 때까지 살아 있는 사람들이 이미 죽은 사람들보다 유리한 점도 전혀 없을 것이다. 그리스도 안에서 죽은 자들도 이때 부활할 것이기 때문이다.

어린 시절 나는 7월 4일(미국의 독립기념일-역주)에도 불꽃놀이가 시작되기 전에 잠자리에 들어야 했다. 그 재미있는 광경을 놓칠까 두려워서 잠자리에 들기가 싫었지만 그때마다 부모님은 불꽃놀이가 시작될 때 깨워주겠노라 약속하며 나를 안심시켜 주셨다. 그리고 매번 그 약속을 지키셨다.

마찬가지로 그리스도의 재림이 일어나는 그 중요한 순간에 잠자고 있을 그리스도인은 없을 것이다.

우리 중 그리스도의 탄생을 목격한 사람은 아무도 없다. 우리는 그분이 지상 사역 중에 행하신 기적들을 보지 못했다. 십자가에 달리신 그리스도를 본 사람 중에서 오늘날까지 살아 있는 사람은 아무도 없다. 우리 중에는 그분의 영광스러운 부활과 승천을 본 증인도 없다.

그러나 우리 모두는 그분의 재림을 목격하게 될 것이다. 모든 신자가 예수님이 높아지시는 절정의 순간을 보게 될 것이다. 하나님께서 모든 사람이 그분의 영광스러운 재림을 볼 수 있도록 죽은 자들을 일으키실 것이다.

이 사건은 '만일 우리가 죽는다면'이라는 죽음에 관한 우리의 유일한 질문을 억제한다.

믿음 안의 죽음과 죄 안의 죽음

우리는 우리 자신의 죽음에 관해 많은 의문을 품고 있다. 우리는 우리가 어디서 죽게 될지 궁금하다. 언제 죽게 될 것인지도 궁금하다. 왜 죽는지에도 의문을 제기한다. 그러나 성경의 주된 관심사는 '우리가 어떻게 죽느냐?'이다. 이것은 중대한 문제이고, 이 질문에는 엄청난 의미가 담겨 있다.

언젠가 나의 신학 스승인 존 거스너 박사로부터 편지를 받은 적이 있다. 그는 편지로 우리 두 사람의 친구 중 하나가 암으로 죽었다는 소식을 전해주었다. 거스너 박사의 간단하면서도 의미심장한 말은 다음과 같았다. '톰 그레이엄이 믿음 안에서 죽었다네.'

그 말은 내게 많은 것을 시사해주었다. 거스너는 톰이 그리스도인으로 죽었다고 말하고 있었다. 즉 톰은 끝까지 믿음을 지켰다.

성경은 어떻게 죽는가에 관해 많은 것을 이야기한다. 그러나 성경적인 관점에서 볼 때 죽는 방법은 두 가지밖에 없다.

성경은 죽음의 다양한 원인들을 무시한다. 우리는 암, 심장마비, 질식, 총상, 그리고 그 밖의 치명적인 원인으로 죽을 수 있음을 알고 있지만, 이러한 생물학적인 사망 원인들은 성경의 주된 관심사가 아니다.

성경에서 죽는 방법을 이야기할 때의 초점은 죽는 사람의 영적 상태에 있다. 여기서 우리는 죽음의 '방법'이 오직 두 개의 선택권으로 축소된다는 사실을 본다. 즉 우리는 믿음 안에서 죽거나 죄 안에서 죽거나 둘 중 하나다.

"인자야 내가 너를 이스라엘 족속의 파수꾼으로 세웠으니 너는 내 입의 말을 듣고 나를 대신하여 그들을 깨우치라 가령 내가 악인에게 말하기를 너는 꼭 죽으리라 할 때에 네가 깨우치지 아니하거나 말로 악인에게 일러서 그의 악한 길을 떠나 생명을 구원하게 하지 아니하면 그 악인은 그 죄악 중에서 죽으려니와 내가 그의 피 값을 네 손에서 찾을 것이고 네가 악인을 깨우치되 그가 그의 악한 마음과 악한 행위에서 돌이키지 아니하면 그는 그의 죄악 중에서 죽으려니와 너는 네 생명을 보존하리라"(겔 3:17-19).

이처럼 에스겔이 구약성경에서 선언한 내용을 예수님은 신약성경에서 다시 단언하셨다. "그러므로 내가 너희에게 말하기를 너희가 너희 죄 가운데서 죽으리라 하였노라 너희가 만일 내가 그인 줄 믿지 아니하면 너희 죄 가운데서 죽으리라"(요 8:24).

우리는 종종 누군가에게 일어날 수 있는 최악의 일이 죽는 것이라고 생각한다. 하지만 그것은 예수님의 메시지가 아니다. 그리스도에 따르면, 우리에게 일어날 수 있는 최악의 일은 죄 가운데서 죽는 것이다.

이것은 오늘날 널리 무시되고 있는 메시지다. 우리는 죽는 사람 모두가 자동으로 천국에 간다고 믿고 싶어 한다. 하나님 나라에 들어갈 때 필요한 유일한 티켓이 죽음이길 바란다. 에스겔이 경고한 요구 조건이 무시되고 있다. 그것이 필수라고 믿지 않기 때문이다.

경고의 말씀

최근에 빌리 그레이엄과 대화할 기회가 있었다. 대화 중 나는 대학 시절에 체험했던 일을 이야기했다.

50년대 말 대학교 남자 기숙사에서 나를 비롯한 학생들이 텔레비전을 둘러싸고 앉아 있었다. 그들 중 일부는 빌리 그레이엄의 인터뷰 장면이 나오는 텔레비전 쇼를 보기 위해 모여 있었다.

사회자는 빌리 그레이엄과의 인터뷰를 밝고 유머러스하게 유지하려고 애썼다. 그래서 그는 자기 영혼의 상태에 관해 농담을 했고, 그레이엄 박사는 몸가짐을 잃지 않고 위엄 있고 우아하게 전국적인 텔레비전 프로그램을 맡고 있는 그 사회자에게 그리스도가 필요하다고 말했다.

30여 년이 지난 후 나는 그레이엄 박사에게 그 일화에 관해 질문했다. 그는 자기가 여전히 그 사회자와 연락하고 있으며 그에게 그리스도가 필요하다는 사실을 일깨워주고 있다고 했다. 그레이엄 박사는 그 사람에게 정말 관심을 갖고 있었다. 그리고 그가 죄 가운데서 죽기를 원치 않았다.

죽어가는 사람에게 구주가 필요하다는 사실을 이야기하는 것은 결코 쉬운 일이 아니다. 우리가 그런 상황에 있는 사람에게 가장 하고 싶지 않은 일은 그를 혼란에 빠트리거나 불편하게 만드는 것이다. 그러한 문제들을 이야기하지 않는 것이 인간적으로 친절한 일이라고 생각한다.

그러나 하나님께서는 죽어가는 사람들에게 구주가 필요하다는 사실을 이야기하라고 명하신다. 에스겔은 그 사실을 명명백백하게 밝히고 있다. 사람들을 사랑한다면, 우리는 그들에게 죄 가운데서 죽었을 때의 결과를 경고해줄 것이다.

우리는 예레미야가 하나님께 늘어놓았던 불만들을 기억한다. 예레미야는 하나님께서 도무지 들으려 하지 않는 사람들에게 경고를 명하셨다는 이유로 화가 나 있었다. 설상가상으로 예레미야의 사역은 사람들이 듣고 싶어 하는 메시지를 들려줌으로써 인기를 얻고 있었던 거짓 선지자들에게 침해당하고 있었다. 그들은 평강이 없을 때

"평강, 평강"이라고 선언하였다. 그러나 하나님께서는 이렇게 선언하셨다.

> "만군의 여호와께서 이와 같이 말씀하시되 너희에게 예언하는 선지자들의 말을 듣지 말라 그들은 너희에게 헛된 것을 가르치나니 그들이 말한 묵시는 자기 마음으로 말미암은 것이요 여호와의 입에서 나온 것이 아니니라 항상 그들이 나를 멸시하는 자에게 이르기를 너희가 평안하리라 여호와의 말씀이니라 하며 또 자기 마음이 완악한 대로 행하는 모든 사람에게 이르기를 재앙이 너희에게 임하지 아니하리라 하였느니라"(렘 23:16-17).

거짓 선지자들의 메시지는 "딸 내 백성(시온)의 상처를 가볍게" 하는 데 기여했을 뿐이다(렘 8:11 참조). 거짓된 위로의 말은 마치 암 위에 일회용 반창고를 붙여주는 것과 같다. 그 치유는 매우 경미하다. 여기서는 조잡한 형태의 일시적 위안이 진짜 길르앗의 향유를 대체하고 있다.

마지막 심판이 없다고 선언하는 것은 엄청난 거짓말이다. 나사렛 예수님이 무엇이든 가르치셔야 했다면, 아마도 마지막 심판을 강조하여 선언하셨을 것이다.

그러므로 이 문제에 대한 예수님의 가르침을 무시한다면, 우리는 그분을 선생님으로 존경하지 않는 것이다. 그리스도께서 하신 다음의 말씀을 생각해보라.

"인자가 자기 영광으로 모든 천사와 함께 올 때에 자기 영광의 보좌에 앉으리니 모든 민족을 그 앞에 모으고 각각 구분하기를 목자가 양과 염소를 구분하는 것같이 하여 양은 그 오른편에 염소는 왼편에 두리라 그때에 임금이 그 오른편에 있는 자들에게 이르시되 내 아버지께 복 받을 자들이여 나아와 창세로부터 너희를 위하여 예비된 나라를 상속받으라…… 또 왼편에 있는 자들에게 이르시되 저주를 받은 자들아 나를 떠나 마귀와 그 사자들을 위하여 예비된 영원한 불에 들어가라…… 그들은 영벌에, 의인들은 영생에 들어가리라 하시니라"(마 25:31-46).

여기서 예수님은 준엄하게 경고하신다. 즉 마지막 날에 죄 가운데 죽는 사람들이 구분될 것이고, 그들은 염소로 계수될 것이다.

예수님께서는 다른 곳에서도 이 경고를 부연하셨다. "숨은 것이 장차 드러나지 아니할 것이 없고 감추인 것이 장차 알려지고 나타나지 않을 것이 없느니라"(눅 8:17).

또 이렇게 말씀하신다. "감추인 것이 드러나지 않을 것이 없고 숨긴 것이 알려지지 않을 것이 없나니 이러므로 너희가 어두운 데서 말한 모든 것이 광명한 데서 들리고 너희가 골방에서 귀에 대고 말한 것이 지붕 위에서 전파되리라"(눅 12:2-3).

예수님은 모든 비밀이 드러나는 날이 올 것이라고 경고하신다. 그것은 이 세상 모든 비밀의 종말이 될 것이다. 모든 골방이 열리고 남의 이목을 꺼리는 비밀들이 분명하게 드러날 것이다. 우리가 그리스도의 의로 '감추지' 않는 한 우리의 모든 죄가 드러나게 될 것이다.

모든 것이 드러나는 미래의 그날은 죄 가운데서 죽은 자들이 산들을 향하여 "우리 위에 무너지라"고 말하고 작은 산들을 향하여 "우리를 덮으라"고 말하게 될 날이다(눅 23:30).

장차 임할 진노를 피하라

신약성경은 예수님을 '구주'로 묘사하고 있다. '예수'라는 이름은 천사장 가브리엘이 마리아를 방문했을 때 공포한 이름이었다. 요셉에게 전달된 천사의 메시지도 이 이름을 확증해 주었다. "아들을 낳으리니 이름을 예수라 하라 이는 그가 자기 백성을 그들의 죄에서 구원할 자이심이라 하니라"(마 1:21).

성경이 말하는 구원에는 특별한 목적이 있다. 일반적으로 구원이라는 말은 다양한 의미로 사용된다. 즉 어떤 유형의 위험이나 재난으로부터의 구조도 구원이라고 불릴 수 있다.

성경적으로 우리는 질병이나 재정적인 재난에서 구원받을 수 있다. 만일 어떤 군대가 전투에서 패배를 피한다면, 그 군대도 구원을 체험한 것이다.

그러나 예수님으로 말미암는 구원은 이런 일반적인 유형에 속하지 않는다. 그것은 특별한 구원이며, 예수님은 "장래의 노하심에서 우리를"(살전 1:10) 구원하신다.

세례요한의 가르침은 이러한 미래에 대한 경고를 강조하였다. 요한은 당시의 바리새인과 사두개인들, 즉 성직자들을 호되게 질책했다. "누가 너희를 가르쳐 임박한 진노를 피하라 하더냐"(마 3:7).

1세기의 이스라엘에 주어진 그 경고는 우리 시대에 너무나 지독하게 무시되고 있는 것과 동일한 경고다.

최근에 나는 우연히 두 남자가 대화하는 것을 듣게 되었다. 그들은 한 장로교회에서 들은 초청 목사의 설교에 대해 이야기를 나누고 있었다. 첫 번째 남자가 이렇게 물었다.

"그 설교자 어땠어?"

그러자 두 번째 남자가 대답했다.

"구식 설교자더군. 불과 유황에 관해서 말하더라구."

그 설교자가 '구식'이라는 말을 듣게 된 것은 마지막 심판에 대해 설교했기 때문이었다. 이처럼 그 개념은 이제 구식이 되었다. 더 이상 유행하지 않는다. 우리 문화에서 마지막 심판에 관해 말하는 것은 세련되지 않은 일이 되어버렸다.

나는 비슷한 대화가 예수님 당시에도 벌어졌을 거라고 확신한다. 세례요한과 예수님의 설교를 들은 어떤 사람들은 그것을 '구식'이라고 생각했을 것이다. 그리고 이렇게 말했을 것이다. "저 친구들은 구식이야. 구약의 선지자들처럼 말하잖아."

우리가 마지막 심판에 대한 언급 일체를 구식으로 무시해버리는 것은 이상한 일이다. 정의에 대해 그토록 관심이 많은 시대와 문화이기에 특별히 더 이상하다.

우리는 사회 정의, 국제 정의를 위해 노력해 왔다. 그러나 철학자

임마누엘 칸트가 그토록 통렬하게 진술했던 사실, 즉 이 세상에서는 정의가 언제나 우세한 것이 아니라는 사실을 보게 된다.

유대와 기독교 역사의 하나님은 공의의 하나님이시다. 하나님께서는 이 세상의 불의를 바로잡지 않고, 정의의 저울이 영원히 기울도록 허락하는 것이 스스로의 정직함을 더럽히시는 일이 될 것이다. 이것은 바로 그분이 거절하시는 일이다. 즉 그분은 궁극적인 정의를 약속하신다.

마지막 공의와 심판

온 땅의 심판자께서는 마지막 심판 없이 마지막 정의를 구현하실 수 없다. 그분은 모든 인간이 자기 행동에 책임을 지게 될 것이라는 사실을 강조하신다.

만일 우리가 궁극적으로 책임을 지지 않는다면, 우리가 내릴 수 있는 유일한 결론은 궁극적으로 우리가 무의미하다는 것이다. 결국 우리가 어떤 삶을 사느냐, 하는 것은 문제가 되지 않는다. 그러나 우리 모두는 어떻게 사느냐가 문제가 된다는 사실을 알고 있다. 또 사람들이 나를 어떻게 대하는지, 사람들이 우리를 어떻게 다루는지도 우리에게 문제가 된다.

우리 모두는 어떤 면에서 불의의 희생제물이 되어 왔다. 또 각각 다른 사람들에게 불의를 자행해 왔다. 우리가 그러한 불의를 행하는 이유는 죄인인 우리가 불의하기 때문이다.

우리가 직면하고 있는 딜레마는 다음과 같다. '하나님께서는 의로우시다. 그러나 우리는 불의하다.' 이것은 인간이 직면할 수 있는 최악의 딜레마다. 죄인이 사법제도에 따라 벌을 받는 것과 하나님의 심판대 앞에 서는 것은 별개의 일이다. 우리는 다윗과 함께 이렇게 부르짖는다. "여호와여 주께서 죄악을 지켜보실진대 주여 누가 서리이까"(시 130:3).

다윗의 질문은 수사학적이다. 그리고 대답은 분명하다. 여호와 앞에 아무도 설 수 없다. 기독교의 핵심적인 문제는 '칭의'이며, 이것은 우리의 딜레마를 정면으로 직시한다. 쉽게 말해 불의한 인간이 의로우시고 거룩하신 하나님 앞에 설 수 있는 유일한 길은 의롭다 함을 받는 것뿐이다. 만일 우리가 불의한 채로 남아 있다면, 우리는 죄 가운데서 죽을 것이다.

우리가 의롭다 함을 받을 수 있는 유일한 길은 그리스도의 의를 통하는 길뿐이다. 그리스도를 의지하면 우리는 그분의 의로 옷 입고 믿음으로 말미암아 의롭다 함을 받는다. 그러나 그리스도를 믿지 않으면, 우리는 하나님의 심판대 앞에 홀로 서게 된다. 의로우신 하나님 앞에 불의한 사람으로 말이다.

혹 이렇게 생각할지 모르겠다. '나는 불의한 사람이 아니야. 나는 아무도 살인한 적이 없어. 남의 것을 훔친 적도 없어.' 물론 당신이 완벽하게 의롭다면 구주가 필요 없다. 하나님의 율법을 어긴 적이 한 번도 없다면, 당신은 그분의 심판을 두려워하지 않아도 된다. 그러나 우리는 엄청난 두 가지 망상을 하고 있다. 첫 번째는 우리가 하나님

앞에 서기에 충분할 정도로 의롭다는 것이다. 그것은 우리 모두가 죄를 범했기 때문에 망상이다. 우리는 우리가 완전하다고 생각할 때, 극단적으로 자신을 기만하게 된다. 다행히 자신에게 죄가 없다고 생각할 만큼 망상에 빠지는 사람은 거의 없다. 그러므로 이것은 우리 대부분이 빠지는 망상은 아니다. 우리 중 너무도 많은 사람을 사로잡는 망상은 바로 두 번째다. 즉 하나님께서는 의로우시고 우리는 불의하다는 사실이 우리를 성가시게 하지 않는다. 우리는 하나님께서 사랑이 넘치고 자비로우시기 때문에 우리가 죄를 회개하고 그리스도를 구주로 영접하지 않더라도 천국에 우리가 들어갈 자리를 남겨 놓으실 것이라는 희망을 품는다. 즉 믿음이 구원의 필수 조건이라고 생각하지 않는다.

그러나 이러한 망상은 하나님의 자비에 대한 모욕이다. 그것은 하나님께서 우리를 위하여 독생자를 십자가에 달려 돌아가시게 한 것으로 충분하지 않다고 생각하는 것이다. 하나님께서 대속의 구주를 믿고 의지할 것을 요구하시는 것이 약간 속 좁은 일처럼 여겨지는 것과 같다.

히브리서 기자는 예수님이 대제사장으로서 행하신 대속의 행위를 무시하는 결과들을 애써 경고하고 있다. 또한 그는 수사학적인 질문을 제기하고 있다. "우리가 이같이 큰 구원을 등한히 여기면 어찌 그 보응을 피하리요 이 구원은 처음에 주로 말씀하신 바요 들은 자들이 우리에게 확증한 바니"(히 2:3). 그리고 이러한 무시에 따르는 위험이 다음과 같은 권면을 통해 서술되고 있다.

"형제들아 너희는 삼가 혹 너희 중에 누가 믿지 아니하는 악한 마음을 품고 살아 계신 하나님에게서 떨어질까 조심할 것이요 오직 오늘이라 일컫는 동안에 매일 피차 권면하여 너희 중에 누구든지 죄의 유혹으로 완고하게 되지 않도록 하라…… 또 하나님이 누구에게 맹세하사 그의 안식에 들어오지 못하리라 하셨느냐 곧 순종하지 아니하던 자들에게가 아니냐 이로 보건대 그들이 믿지 아니하므로 능히 들어가지 못한 것이라"(히 3:12-19).

나는 당신이 언제 이 책을 읽고 있는지 모른다. 그날이 몇 월 며칠인지 알 수 없다. 그러나 그날이 어느 달, 어느 주, 어느 날이든 한 가지 분명한 사실이 있다. 당신이 '오늘' 이 책을 읽고 있다는 것이다. 우리는 히브리서의 권면이 오늘, 아직 오늘이라 일컫는 동안을 위한 것이라는 사실에 주목하게 된다. 만일 우리의 태만이 내일까지 계속된다면, 너무 늦어버릴지 모른다.

성경의 경고는 우리가 회개와 믿음을 지닌시키는 한, 죄의 유혹으로 완고해지는 위험에 처한다는 사실을 강조하고 있다. 우리는 복음에 대한 설교를 너무 자주 들은 나머지 복음에 무감각해질 수 있다. 우리의 마음이 단단히 굳어버린다. 우리의 양심도 마비된다. 이것이 죄가 역사하는 방법이다.

그럴 때 우리는 스스로를 변명하고 온갖 형태로 자기를 합리화한다. 그리고 믿음과 회개가 필수적이지 않다는 생각으로 자신을 속이게 된다.

지체하면 안 되는 절박성

하나님은 회개와 믿음이 필수적이라고 말씀하신다. 히브리서는 하나님께서 이 문제에 너무 진지하신 나머지 불순종하는 자들이 그분의 안식에 들어오지 못할 것이라고 맹세하셨다고 말한다. 이 맹세보다 더 거룩한 맹세는 없다. 하나님께서 이 맹세를 지키지 않으실 거라고 생각하는 것은 최악의 망상이다. 히브리서 기자는 다음과 같은 말로 결론을 내리고 있다. "이로 보건대 그들이 믿지 아니하므로 능히 들어가지 못한 것이라"(히 3:19).

만일 어떤 사람이 계속 믿지 않는다면, 그가 하나님의 안식에 들어가는 것은 단순한 불가능에 그치지 않는다. 불신은 천국의 강력한 장애물이다.

이처럼 우리는 죽는 길이 두 가지밖에 없음을 보게 된다. 즉 우리는 믿음 안에서 죽을 수 있거나 우리의 죄 안에서 죽을 수 있다.

그렇다면 우리는 언제 하나님의 심판에 직면하게 될까? 우리가 죽은 후에도 믿고 회개할 수 있는 시간이 있을까?

많은 사람이 사후에 주어지는 두 번째 기회에 대한 희망을 버리지 않는다. 로마 가톨릭 교회는 연옥 교리로 이러한 희망을 교육하고 있다. 연옥은 천국에 들어가기 전에 정화(淨化)가 필요한 사람들을 '정화하는' 장소다. 때문에 죽은 자들을 위한 미사와 기도가 드려지는 것이다(연옥에 있는 사람들은 결국 천국에 들어가게 될, 세례를 받은 사람들이라는 것이 공식적인 로마 가톨릭의 가르침이다. 그러나 많은 가톨릭 신도들과 그 밖의 사람들은 일반적으로 연옥이 죄인들의 잘못을 바로잡고 살아 있는 사람들의 공로를 힘입어 천국에 들어갈 수 있는 두 번째 기회가 주어지는 곳이라 생각한다).

겁에 질린 인류의 필요를 채우기 위해 고안된 교리가 있다면, 연옥의 교리가 바로 그것이다. 그러나 성경은 그 개념을 지지해줄 증거를 조금도 제공하지 않는다.

그와 반대로 성경은 절박할 만큼 우리가 죽기 전에 회개해야 한다는 사실을 강조한다. "한 번 죽는 것은 사람에게 정해진 것이요 그 후에는 심판이 있으리니"(히 9:27).

어린 시절 우리 가족은 삼촌과 함께 살았다. 그는 불룩 솟은 근육과 거친 입을 가진 강인한 남자였다. 그의 손톱 밑에는 언제나 때가 끼어 있었다. 삼촌은 종교를 갖거나 교회에 다닌 적이 없었고, 종교는 계집애 같은 사내들에게나 필요한 것이라고 생각했다.

내가 사역을 위해 신학교에 갈 거라 선언했을 때, 삼촌은 거의 뇌일혈을 일으킬 뻔했다. 그는 집요하게 나를 지분거렸다. 내가 얼마 못 가서 검은색 셔츠를 입고 옷깃을 세운 채 돌아다닐 거라고 농담하곤 했다.

신학교를 졸업하고 목사 안수를 받은 직후, 삼촌은 치명적인 병에 걸리게 되었다. 그가 죽기 일주일 전쯤 나는 삼촌의 방으로 갔다. 삼촌은 죽어가고 있었고, 자신도 그 사실을 알고 있었다. 그는 더 이상 농담을 하지 않았다. 그리고 자신이 어디로 갈 것인가에 대해 진지한 관심을 가졌다. 삼촌은 내게 이렇게 말했다. "나는 아직 갈 준비가 되지 않았단다."

우리는 그리스도에 관해 대화를 나눴다. 삼촌은 진지하게 믿음을 고백했고, 자신과 하나님 사이의 문제를 해결했다. 결국 그는 믿음 안에서 죽었다.

하나님은 회개하지 않는 사람들이 그분의 안식에 들어오지 못할 것이라고 맹세하신 것처럼, 회개하고 그리스도를 믿는 사람들이 그분의 안식에 들어오리라고 맹세하셨다.

이에 대해 히브리서 기자는 다음과 같이 설명한다.

"그러므로 우리는 두려워할지니 그의 안식에 들어갈 약속이 남아 있을지라도 너희 중에는 혹 이르지 못할 자가 있을까 함이라…… 이미 믿는 우리들은 저 안식에 들어가는도다"(히 4:1-3).

또 4장의 결론을 다음과 같이 이야기하고 있다.

"그러므로 우리에게 큰 대제사장이 계시니 승천하신 이 곧 하나님의 아들 예수시라 우리가 믿는 도리를 굳게 잡을지어다 우리에게 있는 대제사장은 우리 연약함을 동정하지 못하실 이가 아니요 모든 일에 우리와 똑같이 시험을 받으신 이로되 죄는 없으시니라 그러므로 우리는 긍휼하심을 받고 때를 따라 돕는 은혜를 얻기 위하여 은혜의 보좌 앞에 담대히 나아갈 것이니라"(히 4:14-16).

만일 우리가 믿음 안에서 죽는다면, 우리는 우리보다 앞서간 사람들의 큰 무리에 속하게 될 것이다. 히브리서는 앞서 간 믿음의 영웅들에 대해 이야기하고 있다.

"믿음으로 아벨은 가인보다 더 나은 제사를 하나님께 드림으로…… 믿음으로 에녹은 죽음을 보지 않고 옮겨졌으니…… 믿음으로 노아는 아직 보이지 않는 일에 경고하심을 받아 경외함으로 방주를 준비하여…… 믿음으로 아브라함은 부르심을 받았을 때에 순종하여 장래의 유업으로 받을 땅에 나아갈새 갈 바를 알지 못하고 나아갔으며…… 믿음으로 사라 자신도 나이가 많아 단산하였으나 잉태할 수 있는 힘을 얻었으니…… 이 사람들은 다 믿음을 따라 죽었으며 약속을 받지 못하였으되 그것들을 멀리서 보고 환영하며 또 땅에서는 외국인과 나그네임을 증언하였으니 이같이 말하는 것은 자기들이 본향 찾는 자임을 나타냄이라 그들이 나온 바 본향을 생각하였더라면 돌아갈 기회가 있었으려니와 그들이 이제는 더 나은 본향을 사모하니 곧 하늘에 있는 것이라 이러므로 하나님이 그들의 하나님이라 일컬음 받으심을 부끄러워하지 아니하시고 그들을 위하여 한 성을 예비하셨느니라"(히 11:4-16).

만일 우리가 믿음 안에서 죽는다면 우리는 아벨과 에녹과 노아 등 믿음의 선진들과 합류하게 될 것이다. 그리고 하나님께서 그들의 하나님이라 일컬음 받으심을 부끄러워하지 아니하시는 사람들 중에 계수될 것이다. 하나님께서 우리를 위해 예비하신 그 성이 우리의 성이 될 것이다. 의인들은 믿음으로 살 것이다. 그들은 진실로 믿음으로 말미암아 의롭다 함을 받았으며, 결국 믿음 안에서 죽을 것이다.

5. 믿음과 고난

믿음의 삶은 일정하지 않다. 우리의 믿음은 흔들리고, 극도로 높아지는 순간들과 우리를 절망의 가장자리로 몰아가는 시련의 시간 사이를 오간다. 의심은 우리에게 위험 신호를 보내거나 우리의 평강을 위협한다. 늘 평온한 영혼을 소유하고 있는 성도를 만나는 것은 사실상 드문 일이다.

바울은 자신이 겪은 시련과 갈등에 대해 다음과 같이 강하게 호소하는 글을 썼다.

"우리가 사방으로 욱여쌈을 당하여도 싸이지 아니하며 답답한 일을 당하여도 낙심하지 아니하며 박해를 받아도 버린 바 되지 아니하며 거꾸러뜨림을 당하여도 망하지 아니하고 우리가 항상 예수의 죽음을 몸에 짊어짐은 예수의 생명이 또한 우리 몸에 나타나게 하려 함이라"
(고후 4:8-10).

우리 모두는 욱여쌈을 당하는 것이 무엇을 의미하는지 알고 있다. '욱여싸인다'는 말은 우리 삶의 긴장된 시기들을 묘사할 때 사용한다. 직장 문제, 결혼 문제, 가정 문제, 기타 관계적인 문제가 우리의 영혼을 공격하는 것이다.

이러한 문제에 사랑하는 사람이 비극적으로 죽거나 고통스러운 질병이 오래 지속되는 일이 더해질 때, 우리는 욱여쌈을 당하는 고통을 느끼게 된다.

바울은 "우리가 사방으로 욱여쌈을 당하여도 싸이지 아니하며"라고 말하고 있다. 여기에 우리가 당하는 고난의 경계선이 한정되고 있다. 바울은 고통을 기만적인 경건으로 숨기지 않았다. 그리스도인은 스토아 철학자가 아니다. 고난의 실재를 부정하는 환상의 세계로 도망치지도 않는다. 바울은 자기가 받은 고통을 솔직하게 인정했다.

욱여쌈을 당하는 것은 마치 쓰레기 더미에 버려져서 압착기에 들어간 중고 자동차처럼 느끼는 것과 같다. 그것은 우리를 곧 압사시킬 것 같은 엄청난 무게가 우리에게 가해지는 것처럼 느끼는 것이다.

격렬한 슬픔을 느낄 때 우리는 "가슴이 미어져!"(본문에 사용된 '싸인다'라는 단어와 같은 단어다-역주)라고 말하고 싶을 것이다. 하지만 이것은 과장법이다. 우리는 가슴이 미어졌다고 느낄 수 있다. 미어지는 것과 가깝다고 느낄 수도 있다. 그러나 바울 사도는 우리가 싸이지 않는다(미어지지 않는다)고 담대하게 선언한다.

우리는 종종 '낙타 등을 부러뜨리는 지푸라기'라는 표현도 사용한다. 즉 '마지막 지푸라기'(the last straw, 하중에 견디지 못하는 마지막 한 가닥의 무게-역주)라는 말로 그 표현을 확대하고 있다.

최근에 나는 체중에 신경 쓰는 사람들의 모임에 참석했다. 첫 번째 오리엔테이션에서 모든 사람에게 음식 가이드, 하루 동안 먹은 것을 기록하는 차트, 운동 책자, 그리고 음료용 빨대(Straw, 영어로 지푸라기와 같은 단어–역주)가 제공되었다. 모임이 끝나가고 프로그램에 대한 지시 사항이 거의 다 제시되었을 때, 강사가 이렇게 질문했다. "무엇 때문에 이 모임에 합류하셨습니까?"

그러자 몇몇 회원이 자발적으로 대답했다. 사람마다 제각기 다른 이유를 갖고 있었다. 그들은 최근의 자기 사진을 보고 견딜 수가 없었다. 옷 사이즈를 늘려야 했고, 의사들에게 체중을 줄이라는 말을 들었다. 그 외의 다른 이유들도 있었다. 이런 대화가 끝난 후에 강사가 음료용 빨대를 들어 올렸다.

"이것은 여러분이 이 프로그램에 참가한 이유를 말해줍니다. 집에 가셔서 눈에 잘 띄는 곳에 두거나 냉장고에 붙여두세요. 체중을 줄이려는 욕구가 희미해질 때 그것을 바라보세요. 여러분이 여기 오신 이유를 상기하는 데 이것을 사용하세요."

과연 음료용 빨대(straw)로 낙타 등이 부러진 적이 있었을지 의심스럽다. 원래의 비유는 여전히 낙타가 짐을 지는 짐승으로 사용되는 중동 지역에서 유래했다. 낙타는 추수된 지푸라기를 짊어졌다. 낙타가 나를 수 있는 지푸라기 양에는 한계가 있다. 그러나 낙타의 등이 부러지는 순간이 있다. 그럴 때 견딜 수 있는 짐과 등을 부러뜨리는 짐 사이의 차이는 지푸라기 하나가 될 수도 있다.

나는 한 마리의 낙타가 얼마나 많은 지푸라기를 질 수 있는지 모른다. 내가 얼마나 무거운 짐을 질 수 있는지도 모른다. 그러나 우리 모두는 우리가 실제로 질 수 있는 것보다 훨씬 적게 질 수 있다고 생각하려는 경향이 있다.

"내 짐은 가벼움이라"

인생을 살면서 어리석은 기도를 드린 시기가 있었다. 욱여쌈을 당할 때 나는 하나님께 이렇게 부르짖었다. "주님, 이만큼이면 족합니다. 더 이상은 안 됩니다. 또 다른 좌절을 감당할 수 없습니다. 지푸라기 하나만 더해져도 저는 무너지고 말 겁니다."

이렇게 나는 매번, 마치 하나님께서 내 등에 새로운 짐을 얹으시는 것처럼 기도하는 것 같다. 그리고 그분은 마치 이렇게 내 기도에 응답하시는 것 같다. "네가 얼마나 많은 짐을 질 수 있는지 내게 말하지 말거라."

하나님은 우리의 한계를 우리보다 더 잘 아신다. 한 가지 면에서 우리는 낙타와 매우 흡사하다. 짐이 무거울 때, 낙타는 주인에게 더 많은 짐을 요구하지 않는다. 무릎을 약간 후들대며 그 짐 아래서 신음하지만, 등이 부러지기 전까지는 더 많은 짐을 실을 여유가 있다.

하나님께서는 우리가 원하는 것보다 더 무거운 짐을 지우지 않겠다고 약속하시지 않았다. 다만 우리가 실제로 질 수 있는 것보다 더 많은 짐을 지우지 않으시겠다고 약속하신다.

바울이 "우리는 사방으로 욱여쌈을 당하기 쉽다"고 말하지 않는 것에 주목하라. 그는 우리가 욱여쌈을 당한다고 말했다. 얼핏 이 말은 그리스도의 약속과 모순되는 것처럼 보인다. 예수님은 이렇게 말씀하셨다.

"수고하고 무거운 짐 진 자들아 다 내게로 오라 내가 너희를 쉬게 하리라 나는 마음이 온유하고 겸손하니 나의 멍에를 메고 내게 배우라 그리하면 너희 마음이 쉼을 얻으리니 이는 내 멍에는 쉽고 내 짐은 가벼움이라 하시니라"(마 11:28-30).

나를 의아하게 만든 것은 마지막 문장이다. 그리스도께서 우리에게 주시는 짐이 늘 가벼운 것처럼 보이는 것은 아니다. 마치 예수님께서 그릇된 주장으로 우리에게 접근하시는 것처럼 보인다. 그러나 그분의 말씀은 참되다. 그분은 무거운 짐을 진 사람들에게 안식을 주신다. 쉽다는 말과 가볍다는 말은 상대적이다. 즉 쉽다는 말은 어려움이라는 기준과 연관되어 있고, 가볍다는 말은 무거움이라는 기준과 연관되어 있다. 그리스도 없이 질 수 없는 것이 그리스도와 함께할 때 훨씬 지기 쉬워진다. 혼자 지기 어려운 무거운 짐도 그분의 도우심을 입으면 훨씬 가벼워진다.

우리는 그리스도의 임재와 도우심을 힘입어 고난의 시기를 견딜 수 있다. 바울이 욱여쌈을 당하여도 싸이지 아니한다고 선언할 수 있었던 것은 그리스도 때문이었다. 종종 우리가 금속 압착기 안에 들어 있는 자동차처럼 느껴지지만, 그리스도께서는 우리에게 가해지는 무게를 방패처럼 막아주실 수 있다.

그리스도 없이 고난을 당하는 것은 전적으로 완전히 싸이는 위험을 감수하는 것이다. 나는 종종 그리스도 안에서 발견할 수 있는 힘 없이 어떻게 사람들이 인생의 시련에 대처하는 것인지 궁금해진다.

그분의 임재와 위로가 너무 중요하기 때문에, 나는 불신자들이 종교를 목발처럼 사용하는 사람들을 정죄할 때 놀란다. 칼 마르크스는 종교가 대중의 아편이라고 비난했다. 그는 아편을 고통의 영향력을 둔화시키는 데 사용되는 마취제로 언급했다. 또 다른 사람들은 종교가 어려운 시기에 처한 약자들이 사용하는 틀에 박힌 문구라고 비난해 왔다.

몇 해 전 나는 무릎 수술을 받았다. 그리고 회복 중에 목발을 사용하였다. 목발을 사용한 것은 내게 그것이 필요했기 때문이었다. 또 몇 해 전에는 다른 수술을 받으러 입원했다. 수술 후 4시간마다 진통제를 투여받았다. 그 진통제를 투여받기 위해 나는 계속 시계를 들여다보며 간호사를 호출하는 단추를 누를 순간을 기다렸다. 나는 진통제를 고맙게 생각했고, 목발도 고맙게 생각했다.

그러나 나는 그리스도께 훨씬 더 감사드린다. 환난의 때에 그분의 도움을 요청하는 것은 부끄러운 일이 아니다. 고통의 때에 우리를 돌보시는 것이 그분의 즐거움이다. 고통당하는 자들을 향한 하나님의 자비를 비방할 사람은 아무도 없다. 그분은 자기 자녀들을 불쌍히 여기고 고통의 때에 그들을 위로하는 아버지 같은 분이다. 하나님의 위로 없이 고난을 당하는 것은 미덕이 아니다. 그분의 위로를 의지하는 것은 칼 마르크스의 주장과 반대로 악덕이 아니다.

바울은 이렇게 덧붙인다. "답답한 일을 당하여도 낙심하지 아니하며" 고난에는 종종 답답한 일이 동반된다. 질병이나 슬픈 일을 당할 때 우리는 종종 당황하고 혼란에 빠진다. 우리의 첫 번째 질문은 왜 그런 일이 일어나느냐는 것이다. 즉 어떻게 하나님께서 내게 그런 일이 일어나도록 허락하실 수 있느냐고 묻게 된다.

아들의 죽음으로 크게 상심한 어느 아버지의 이야기가 있다. 그 아버지는 출석하던 교회 목사에게 화를 내며 이렇게 말했다. "내 아들이 죽었을 때 하나님은 어디에 계셨습니까?" 그러자 목사는 조용히 이렇게 대답했다. "아들이 죽은 바로 그곳에 계셨습니다."

예상치 못한 고난

고난에는 놀람의 요소가 연결되어 있다. 우리는 일찍이 고통이 삶의 일부분이라는 사실을 배우게 되지만, 그 학습 과정은 대개 점진적이다. 세 살 된 내 손자가 고통을 다루는 방법이 재미있다. "할아버지, 나 '아야'를 가지고 있어요." 그 아이는 '아야'라는 감탄사를 명사로 사용하였다. 만일 그 '아야'가 사소한 것이라면 단순히 뽀뽀만 해주어도 사라질 것이다. 그러나 더 심각한 것이라면 '약'을 요구할 것이다.

대체로 어린 시절의 질병과 상처는 사소한 것들이다. 어린아이가 체했을 때 곧바로 암을 염려하지는 않는다. 아이는 얼마 못 가서 그 질병으로 인한 고통이 곧 끝난다는 사실을 배우게 된다. 그러다 어른이 되면 또 다른 차원의 질병과 고통으로 이동하게 된다. 그렇게 여러 단계의 준비 과정을 거침에도 불구하고, 우리는 더 심각한 질병으로 고통당할 때 제대로 준비되어 있지 않은 자신을 발견하게 된다.

딸아이가 처음으로 병원에 입원했던 일을 기억한다. 당시 여섯 살이었던 아이는 편도선을 제거해야 했다. 우리 부부는 앞으로 일어날 일에 대비하여 아이를 준비시키고 보호해줄 모든 조치를 취했다. 아이와 함께 병원에 가는 내용을 다룬 아동 서적들도 읽었고, 수술 후에는 아이가 가장 좋아하는 아이스크림을 사주겠다는 약속도 했다.

딸아이에게는 병원으로 가는 여행이 하나의 모험이었다. 병원의 소아과 병동은 밝게 꾸며져 있었고, 간호사들은 장난감으로 딸아이와 같은 방 친구들을 즐겁게 만들어주었다. 덕분에 기분이 좋아진 딸은 걱정하는 마음이 많이 줄어들었다.

소녀들이 수술실 안으로 들어간 후, 우리는 회복실에서 그들이 돌아오기를 기다렸다. 딸이 의식을 회복한 후 처음으로 나를 바라보던 모습을 결코 잊을 수 없다. 아이는 불쌍한 모습을 하고 있었다. 입술 주위에는 피가 말라 붙어 있었고, 얼굴은 창백했다. 가장 잊을 수 없는 것은 아이 얼굴에 나타나 있는 두려움과 충격과 배신당한 표정이었다. 딸은 새로운 고통을 경험하고 있었다. 마치 눈으로 이렇게 말하는 것 같았다. "어떻게 그러실 수 있어요? 이렇게 될 줄 알고도 나한테 거짓말한 거죠?"

딸아이는 고통에 놀라며 당황하고 있었다. 그 순간에는 아이스크림에도 아무 관심을 보이지 않았다. 그 고통은 예상한 것이 아니었다. 갑작스러운 고통이 우리를 엄습할 때 우리가 하늘에 계신 아버지에 대해 품는 질문과 동일한 질문들을 딸아이도 나에게 품고 있었을 것이다.

고난으로 몹시 당혹스러울 때, 우리는 하나님께서 그런 큰 고통이 우리에게 닥치도록 허락하셨다는 사실에 놀라게 된다. 그 놀라움은 하나님께서 그렇게 믿도록 인도하시는 것이라기보다 잘못된 교사들로부터 듣는 말에 뿌리를 둔다. 고난에서 면제된 삶을 약속하는 사람들은 자기들의 메시지를 성경 이외의 자료에서 발견해왔다.

성경은 고난받는 것을 이상하게 여기지 말라고 권면한다. 그것에 대해 베드로는 이렇게 썼다.

"사랑하는 자들아 너희를 연단하려고 오는 불시험을 이상한 일 당하는 것같이 이상히 여기지 말고 오히려 너희가 그리스도의 고난에 참여하는 것으로 즐거워하라 이는 그의 영광을 나타내실 때에 너희로 즐거워하고 기뻐하게 하려 함이라"(벧전 4:12-13).

여기서 베드로는 우리가 이미 바울의 서신에서 주목한 주제를 반영하고 있다. 바울은 "남은 고난을 채우는 것"에 관해 이야기한 반면, 베드로는 그리스도의 고난에 "참여하는 것"을 언급하고 있다. 그리고 다음과 같은 말을 덧붙이고 있다.

"너희 중에 누구든지 살인이나 도둑질이나 악행이나 남의 일을 간섭하는 자로 고난을 받지 말려니와 만일 그리스도인으로 고난을 받으면 부끄러워하지 말고 도리어 그 이름으로 하나님께 영광을 돌리라"(벧전 4:15-16).

죄인이 자기 죄 때문에 고난을 당할 때, 괴로워할 수는 있지만 당황할 이유는 없다. 형벌이 죄의 결과가 되는 것은 놀랄 일이 아니다. 이러한 종류의 고난에는 부끄러움이 추가된다. 반면 그리스도인으로서 고난을 당하는 사람은 부끄러워할 필요가 없다. 베드로는 이렇게 결론짓고 있다.

"그러므로 하나님의 뜻대로 고난을 받는 자들은 또한 선을 행하는 가운데에 그 영혼을 미쁘신 창조주께 의탁할지어다"(벧전 4:19).

여기서 베드로는 우리가 고난을 당하는 것이 하나님의 뜻인지에 관한 모든 의심을 일소한다. 그는 "하나님의 뜻대로" 고난받는 자들을 언급하고 있다. 즉 이 구절은 고난 자체가 하나님의 주권적인 뜻의 일부임을 의미한다. 일찍이 베드로는 우리의 고난의 열매를 언급하였다.

"그러므로 너희가 이제 여러 가지 시험으로 말미암아 잠깐 근심하게 되지 않을 수 없으나 오히려 크게 기뻐하는도다 너희 믿음의 확실함은 불로 연단하여도 없어질 금보다 더 귀하여 예수 그리스도께서 나타나실 때에 칭찬과 영광과 존귀를 얻게 할 것이니라 예수를 너희가 보지 못하였으나 사랑하는도다 이제도 보지 못하나 믿고 말할 수 없는 영광스러운 즐거움으로 기뻐하니 믿음의 결국 곧 영혼의 구원을 받음이라"(벧전 1:6-9).

이 구절은 당황스러운 상황에서 어떻게 낙심하지 않는 것이 가능한지에 대한 답변을 제시하고 있다. 우리의 고난에는 목적이 있고 목표가 있다. 우리 믿음의 마지막은 영혼의 구원이다. 고난은 도가니와 같다. 금이 불 속에서 제련되어 그 안의 불순물과 찌꺼기가 제거되듯이 우리의 믿음도 불로 연단받는다. 금은 없어진다. 그러나 우리의 영혼은 그렇지 않다. 우리는 한동안 고통과 슬픔을 체험한다. 우리가 당황하는 것은 불 속에 있는 동안이다. 그러나 그 불에는 또 다른 측면이 있다. 찌꺼기가 불에 타서 없어짐에 따라 우리의 순수한 믿음이 영혼의 구원을 향해 정화되는 것이다.

절망과 죽음의 유혹

우리가 절망의 유혹을 받는 것은 우리의 고난을 무의미한 것-목적이 없는 것-으로 볼 때다. 해산의 고통을 겪는 여자는 마침내 새로운 생명을 얻게 된다는 사실을 알기에 그 고통을 참아낸다. 반면 치명적인 병을 앓고 있는 사람들은 출산하는 경우처럼 좋은 결과를 기대하지 못한다. 그들의 고통은 생명이 아니라 죽음을 향하는 것처럼 보인다. 만일 구원이 없다면 그것이 사실일 것이다. 만일 죽음이 종말이라면 그 죽음에 따르는 고난은 우리를 완전하고도 궁극적인 절망으로 몰고 갈 것이다. 그러나 그리스도의 메시지는 죽음이 죽음으로 끝나지 않고 생명으로 인도한다는 것이다. 여기에는 해산의 유추가 적용된다. 그 유추는 그리스도와 온 피조물의 고난을 묘사하는 데 사용되고 있다. "그가 자기 영혼의 수고한 것을 보고 만족하게 여길 것이라"(사 53:11).

"피조물이 다 이제까지 함께 탄식하며 함께 고통을 겪고 있는 것을 우리가 아느니라 그뿐 아니라 또한 우리 곧 성령의 처음 익은 열매를 받은 우리까지도 속으로 탄식하여 양자 될 것 곧 우리 몸의 속량을 기다리느니라"(롬 8:22-23).

우리는 당황하지만 낙심하지 않는다. 우리 앞에 놓여 있는 구속을 확신하지 않는다면 고난의 고통 자체가 우리를 충분히 절망으로 몰고 갈 수 있다. 그러나 그러한 구속조차 우리가 절망의 가장자리에 접근하지 않도록 항상 막아주지는 않는다.

성경은 훌륭한 성도들이 절망의 문제와 씨름하는 모습을 반복적으로 보여준다. 자기가 태어난 날을 저주하고, 죽을 수 있는 특권을 달라고 간청한 사람이 한둘이 아니다.

영혼의 어두운 밤을 직면한 모세는 하나님께 이렇게 부르짖었다. "주께서 내게 이같이 행하실진대 구하옵나니 내게 은혜를 베푸사 즉시 나를 죽여 내가 고난당함을 내가 보지 않게 하옵소서"(민 11:15). 욥도 자기가 태어난 날을 저주하면서 이렇게 말했다.

"어찌하여 내가 태에서 죽어 나오지 아니하였던가 어찌하여 내 어미가 해산할 때에 내가 숨지지 아니하였던가 어찌하여 무릎이 나를 받았던가 어찌하여 내가 젖을 빨았던가 그렇지 아니하였던들 이제는 내가 평안히 누워서 자고 쉬었을 것이니"(욥 3:11-13).

예레미야도 동일한 감정을 표현하였다.

"내 생일이 저주를 받았더면, 나의 어머니가 나를 낳던 날이 복이 없었더면, 나의 아버지에게 소식을 전하여 이르기를 당신이 득남하였다 하여 아버지를 즐겁게 하던 자가 저주를 받았더면…… 어찌하여 내가 태에서 나와서 고생과 슬픔을 보며 나의 날을 부끄러움으로 보내는고 하니라"(렘 20:14-18).

덴마크의 철학자 쇠렌 키에르케고르는 인간이 직면할 수 있는 최악의 상태 중 하나가 죽음을 허락받지 못하는 것이라고 했다. 실제로 많은 어르신들이 내게 이렇게 말한다. "주님이 나를 데려가시면 좋겠어요. 왜 그분은 내가 어서 죽게 하지 않으실까요?"

고난에서 벗어나고자 하는 욕구는 안락사 문제의 핵심이기도 하다. 죽음을 초래하는 주사는 안락사의 일종으로 간주된다. 사람들은 우리가 사람보다 짐승에게 더 관대하다고 주장한다. 우리가 말들을 사살하고 개들을 잠들게 하기 때문이다.

그러나 하나님께서는 우리가 자살하는 것을 허락하지 않으신다. 자살은 절망에 복종하는 것을 함축한다(이 말은 자살이 용서받을 수 없는 죄라는 의미가 아니다. 사람들은 온갖 이유와 상황하에서 자살한다. 우리는 사람들이 자살할 때의 마음 상태를 제대로 알지 못한다. 자살한 사람들의 운명을 하나님의 자비에 맡길 뿐이다). 자살이 하나님께 어떤 심판을 받든, 우리는 우리가 타당한 죽음의 선택권으로 자살을 부여받지 않았다는 사실을 알고 있다.

위엄 있는 죽음?

안락사의 문제도 사실 단순하지가 않다. 우선 적극적인 안락사와 소극적인 안락사가 구별된다. 적극적인 안락사는 고난받는 사람을 죽이는 직접적인 조치를 취하는 것을 뜻한다. 그리고 소극적인 안락사는 특별한 생명 보조 수단의 사용을 멈추는 것을 말한다.

현대 기술은 죽음의 문제에 심각한 도덕적 딜레마를 끌어들였다. 역사적으로 교회와 의료계(히포크라테스 선서를 따르는) 모두 생명을 유지하기 위해 최선을 다해야 한다는 원칙을 따랐다. 또한 현대 기술이 발전함에 따라 회복될 수 있는 가능성을 넘어 이제 기술적으로 사람을 살아 있게 만드는 일이 가능해졌다.

여기서 위엄 있게 죽는 문제가 중요해진다. 그리고 다음과 같은 질문들이 우리를 몹시 괴롭힌다. '누가 플러그를 빼는가?' '언제 플러그를 뺄 수 있는가?'

최근에 나는 플러그를 빼는 문제를 주제로 800여 명의 의사가 모인 의료인들의 회합에서 강연을 해달라는 요청을 받았다. 그 주제는 적극적인 안락사가 아니라 자연사가 진행되도록 허락하는 문제에 초점이 맞춰져 있었다. 의사들은 그 문제를 예민하게 의식하고 있었다.

'플러그를 빼는' 방법에는 여러 가지가 있다. 환자가 굶어 죽도록 정맥 튜브를 제거할 수 있다. 인공호흡용 기구의 스위치를 끌 수도 있다. 약물 치료를 중단할 수도 있다.

생명이 인위적으로 유지되거나 종결될 수 있는 다양한 수단을 고려할 때, 적극적인 안락사와 소극적인 안락사 사이의 선이 쉽게 흐려진다. 마찬가지로 일반적인 생명 보조 수단과 특별한 생명 보조 수단 사이의 차이도 언제나 분명하지는 않다. 즉 어제의 특별한 수단이 오늘의 일반적인 수단이 될 수 있는 것이다.

문제는 '누가 결정을 내리느냐?' 다. 이 질문에 의해 많은 것이 복잡해진다. 의사는 하나님을 상대하기를 원치 않는다. 환자의 가족들도 그 결정 앞에서 죄책감에 사로잡힐 수 있다. 목회자들도 그 일에 적합하다고 생각하지 않는다. 그 문제를 법조인들에게 맡긴다는 것도 끔찍한 일이다. 그러나 이러한 문제는 전 세계의 병원에서 날마다 결정되고 있다. 결정을 내리지 않는 것도 결정을 내리는 것에 포함되기 때문이다.

나 역시 이 딜레마에 대한 해답을 갖고 있는 것은 아니다. 하지만 두 가지를 확신한다.

첫 번째는 그 문제가 인간 생명의 존엄성이라는 중차대한 원칙에 비추어 결정되어야 한다는 것이다. 우리는 인간의 생명 유지를 확보하기 위해 비상한 노력을 해야 한다. 만일 오류를 범한다 해도 생명을 경시하는 편보다는 중시하는 편에서 범하는 것이 낫다.

두 번째, 그 결정은 최소한 세 관계자, 혹은 네 관계자를 포함해야 한다. 즉 의사와 가족, 성직자, 그리고 가능하다면 환자의 협의를 포함해야 한다.

이 문제는 고난의 곤혹스러움 중 일부다. 어떤 대가를 치르더라도 우리가 내리는 결정이 절망의 관점에서 내려지면 안 된다. 우리는 소망이 절망에 삼켜지지 않도록 언제나 구속이라는 목표를 염두에 두어야 한다. 이 문제를 다윗은 다음과 같이 요약하였다.

"내가 산 자들의 땅에서 여호와의 선하심을 보게 될 줄 확실히 믿었도다"(시 27:13).

사도 바울도 "답답한 일을 당하여도 낙심하지 아니하며"라고 말한 서신서에서 자신이 절망의 가장자리에서 씨름한 사실을 이렇게 말하고 있다.

"형제들아 우리가 아시아에서 당한 환난을 너희가 모르기를 원하지 아니하노니 힘에 겹도록 심한 고난을 당하여 살 소망까지 끊어지고 우리는 우리 자신이 사형 선고를 받은 줄 알았으니 이는 우리로 자기를 의지하지 말고 오직 죽은 자를 다시 살리시는 하나님만 의지하게 하심이라 그가 이같이 큰 사망에서 우리를 건지셨고 또 건지실 것이며 이후에도 건지시기를 그에게 바라노라"(고후 1:8-10).

바울은 절망에 빠졌다. 그러나 그의 절망은 제한된 것일 뿐 궁극적인 절망이 아니었다. 그는 살 소망까지 끊어졌었다. 자기가 죽을 것이라고 확신하고 있었다. 그러나 자신이 궁극적으로 사망에서 건져질 것에 대해서는 절망하지 않았다. 사망 권세를 이기신 그리스도의 약속을 알고 있었기 때문이다.

여기에 믿음의 위기가 있다. 죽음은 최종적인 것인가, 아니면 우리가 겪어야 할 모든 고난을 가치 있게 만들어주는 무덤 너머의 어떤 것이 존재하는가?

이 책의 나머지 부분은 이와 관련한 다음의 두 가지 관심사에 초점을 맞출 것이다. 그 첫 번째는 '정말 천국이 존재하는가?'이고, 두 번째는 '천국은 어떤 곳인가?'이다.

2부

죽음 이후의 삶

6. 사후의 삶에 대한 대중의 견해

얼마 전 나는 1900년에 태어나신 친척 아주머니를 방문하여 지난 날을 회상하는 시간을 가졌다. 나는 그녀에게 우리 가족의 뿌리와 가족사, 그리고 케케묵은 옛날이야기들에 대한 질문들을 늘어놓았다.

그녀는 흔들의자에 기대어 앉아 옛날을 회상하며 감상적인 어조로 이야기를 이어갔다. 그녀는 나의 아버지와 조부모에 관한 기억의 공백들을 메워주었다. 그 시간여행의 하이라이트는 나의 증조부에 관한 회상이었다.

그의 이름은 찰스 스프로울(Charles Sproul, 나의 이름 R. C.에서 'C'가 여기에서 비롯되었다)이다. 그는 1824년에 아일랜드의 도니골(Donegal)에서 태어나 1843년에 그 오래된 나라의 진흙탕에 초가지붕 오두막집을 남겨두고 구두도 신지 않은 채 미국에 도착했다. 남북전쟁 때는 연합 해군 소속의 그램퍼스(Grampus)호의 삼등 저격수로 복무했고, 빅스버그(Vicksburg) 전투에도 참전한 후 1910년에 86세로 사망했다.

친척 아주머니와의 대화는 증조부가 태어난 지 163년 후인 1987년 여름에 이뤄졌다. 증조부는 피츠버그(Pittsburgh)에 있는 내 조부의 집에서 죽음을 맞이했고, 아주머니는 그가 죽기 전 10년 동안의 그에 대해 자세히 알고 있었다.

1824년에 태어난 사람을 생생히 기억하고 있는 누군가와 대화를 나누다보니 유령이 나올 것만 같았다. 그날 이후 너무도 많은 시간과 역사가 흘렀기 때문이다. 문득 내가 86세까지 살아서 내 증손자들에게 나의 증조부에 대한 이야기를 전해줄 수 있다면 어떨까 생각했다. 내가 86세가 되는 해는 2025년이다. 그러면 그 기간은 두 세기가 훨씬 넘게 된다.

찰스 스프로울이 태어났을 때, 미국의 역사는 수십 년에 불과했다. 당시 대통령은 제임스 먼로였다. 에이브러햄 링컨에 대해 들어본 사람도 없었다. 대륙 횡단 기차도, 자동차도, 비행기도, 라디오도, 텔레비전도, 전구조차 없을 때였다.

세월이 흘러 찰스 스프로울은 갔다. 이 세상도 변화되었다. 나는 찰스 스프로울이 어디 묻혀 있는지도 모른다. 그의 아들 로버트는 오하이오(Ohio)주에서 증기선을 타고 강을 거슬러 피츠버그에 온 여자와 결혼했다. 이후 1945년에 사망했고, 그의 두 아들은 1956년에 죽었다.

나의 아들은 1965년에 태어났다. 그의 이름은 로버트지만 알 시(R. C.)로 불린다. 현재 그는 우리 가족의 마지막 스프로울이다. 언젠가 그도 아들을 얻게 될 것이다. 그렇지 않다면 우리 가족의 이름은 그와 더불어 사라지게 될 것이다.

성경은 "모든 육체는 풀과 같다"고 말한다. 즉 자라고 시들어 죽는 것이다.

최근에 어떤 사람이 나의 장기간 목표들에 관해 질문했다. "5년 후에 무슨 일을 하고 싶으십니까? 10년 후에는요?" 사실 5년이나 10년은 내게 장기간으로 여겨지지 않는다. 그러나 십대에게는 그것이 영원한 시간처럼 보일 것이다.

내게 더 적절한 질문은 다음과 같은 것이다. '지금부터 100년 후에 내가 무슨 일을 하고 있을까?' 어리석은 질문처럼 보일 것이다. 그것은 '백 년 전에 내가 무슨 일을 하고 있었을까?' 라는 질문과 거의 비슷하게 들릴 것이다. 백 년 전에는 내가 존재하지 않았다. 나의 누님도 존재하지 않았다. 나의 아버지도 존재하지 않았다. 증조부 찰스 스프로울과 그의 아들 로버트는 존재하고 있었다. 하지만 지금 그들은 가고 없다. 언젠가 나도 그럴 것이다.

이 책을 읽는 사람 중 100년 전부터 생존했던 사람은 얼마 되지 않을 것이다. 지금부터 100년 후까지 생존할 사람도 거의 없을 것이다.

그런 사람들이 과연 존재할까? 우리는 지금부터 100년 후까지 지속될 미래를 소유하고 있는가?

미래에 대한 질문

손금을 보는 사람들을 광고하는 작은 집이나 상점을 지날 때면 우습다는 생각을 한다. 그런 집들은 대개 손 모양의 실루엣으로 장식되어 있다. 그리고 광고문에는 이런 문구가 적혀 있다. '여러분의 미래를 알려드립니다. 타로 카드(tarot cards, 22장이 한 벌로 되어 있는 이탈리아의 점치는 카드-역주), 수정구슬, 그리고 당신의 손금에서 비밀을 읽어 미래를 알려 드립니다.'

놀라운 것은 손금을 보는 사람들의 수가 날로 줄어든다는 사실이다. 그 사업이 순조롭지 않다는 것만큼은 틀림없다. 유감스럽지만 손금을 보는 기술은 주식 시장의 변덕을 전혀 꿰뚫지 못하는 것 같다.

한때 도리스 데이(Doris Day, 미국의 유명한 가수-역주)가 '케 세라 세라'(Que Sera, Sera, What Will Be, Will Be)라는 유행가를 불러 크게 히트시켰다. 그 가사는 다음과 같다.

내가 어린 소녀일 때 엄마에게 물었지. 나는 어떻게 될까요? 예뻐질까요? 부자가 될까요? 내 미래는 어떻게 될까요?

그 질문에 대한 어머니의 대답은 모호했다. 그녀에게는 수정구슬이 없었다. 그녀가 줄 수 있는 답변은 "케 세라 세라"(될 대로 되라)라는 후렴구뿐이었다.

우리가 미래를 염려하는 가장 정확한 이유는 미래가 우리에게 어떤 의미를 갖고 있는지 모르기 때문이다. 미래에 대한 절대적인 지식을 제공하는 유일하고 확실한 근원은 미래를 주관하시는 주님께 있다. 즉 하나님께서 미래에 대해 말씀하시는 곳에서 우리는 확실한 소망의 근원을 보유하게 된다.

그러므로 그분이 침묵하시는 부분에 대해서는 질문을 삼가야 한다. 구약성경에는 불법적인 수단으로 시간의 베일 너머를 보려 했던 사람들에게 임할 준엄한 벌과 짝을 이룬 엄격한 금지 조항들이 가득 차 있다.

그러나 미래에 대한 궁극적인 질문은 모든 사람을 괴롭힌다. 욥도 다음과 같이 그 질문을 제기했다. "사람이 죽으면 어떻게 다시 살아날 수 있겠습니까? 나는 이 고통스러운 시련이 끝날 때까지 참고 기다리겠습니다."(욥 14:14, 현대인의 성경).

죽음이 낙원에 침투한 때부터 무덤 이후의 삶에 대한 질문은 인간에게 가장 중요한 질문이 되었다. 사실상 모든 인간 문화는 무덤 너머에 대한 소망을 발전시켜 왔다.

고대 이집트인들은 사후에도 유용하리라는 희망을 가지고 사랑하는 사자의 무덤에 귀중한 물품들을 놓아두었다. 아메리카 인디언들도 자신들의 '천국'(happy hunting ground, 북미 인디언 전사가 사후에 찾아가서 사냥이나 잔치로 즐겁게 지내는 곳-역주) 개념을 가지고 있었다. 노르웨이인들도 발할라(Valhalla, 오딘 신의 전당으로 전사자의 영혼을 맞이하는 곳-역주)에 대한 소망을 품고 있었다. 또 유대인들도 스올의 개념을 보유하고 있었으며, 헬라인들도 캄캄한 저승에 있는 하데스(Hades) 개념을 갖고 있었다.

동양 종교는 셜리 매클레인(Shirley MacLaine, 미국의 유명한 배우. 뉴 에이지 운동의 신봉자로 널리 알려져 있다-역주)과 미국에서 유행한 영혼 재생설에 부합된다. 미국의 초심리학자 브리디 머피의 에피소드는 다양한 화신(化身)에 대한 사색을 추가시켰다.

따라서 우리는 플라톤에게까지 거슬러 올라가 영혼 재생설을 주장하는 사람들을 볼 수 있다.

헬라인들의 주장

고대에 살았던 플라톤(Plato, B.C. 428-348)은 피타고라스학파라고 불리는 철학자들의 영향을 받았다. 피타고라스학파는 수에 신비적인 의미를 부여했던 것으로 유명하다. 그 학파의 창시자인 피타고라스는 오늘날 현대 기하학에서 한자리를 차지하는 피타고라스의정리를 발전시켰다. 그리고 피타고라스학파는 '영혼의 윤회', 혹은 '영혼재생설'이라는 개념을 생각해냈다.

그들의 이론은 인간의 영혼이 불멸하고 영원하다는 헬라인들의 전제에 기초한 것이었다. 영혼은 육체보다 선재(先在)한다. 인간이 태어날 때 영원한 영혼이 일시적으로 몸 안에 '빠진다.' 쉽게 말해 몸은 영혼이 거하는 일종의 감옥이다. 육체적인 몸, 즉 영혼의 감옥은 발생과 쇠퇴 과정을 거친다.

그러다 결국 이저인 몸이 죽으면 영혼은 그 감옥에서 해방된다. 영혼재생설에 따르면 영혼은 다시 한 번 새 몸에 환생한다. 영혼이 이주(移住)하는 것이다. 그것은 더 고상한 형태, 혹은 더 저급한 형태로 재생될 수 있다. 가지각색의 이주나 환생이 대개 가장 최근의 환생에서 달성된 덕의 수준에 따라 정해진다. 그리고 궁극적인 구속은 영혼이 마침내 몸에서 벗어나 물질적인 몸의 영향력으로부터 자유로워질 때 일어난다.

플라톤은 이러한 전제들을 기본적으로 받아들인 후에 자신의 통찰력을 추가시켰다.

자연으로부터의 유추

플라톤은 사후의 삶에 대한 자신의 고찰을 그의 유명한 저서 『파이돈』(Phaedo)에서 진술하고 있다. 그 장면은 아테네의 감옥에서 일어나고 있다. 그곳에서 소크라테스는 날카롭고 혼란스러운 철학적인 질문들로 아테네의 젊은이들을 타락시켰다는 '죄'의 처형을 기다리고 있다. 우리는 곧 그에게 치명적인 독약을 가져다 줄 간수의 방문을 기다리면서 마지막 시간을 맞이한 소크라테스를 만나게 된다. 소크라테스는 자기 친구들과 제자들에게 둘러싸여 있다(플라톤은 병으로 그 자리에 없었다). 소크라테스의 쾌활한 분위기와 이미 슬픔에 잠긴 친구들의 불안한 분위기가 극단적인 대조를 이룬다.

소크라테스는 제자들에게 사후의 즐거움에 대해 가르치면서 자기의 마지막 시간을 보냈다. 그러면서 친구들에게 이렇게 말했다.

나도 다른 사람이 한 말을 옮길 뿐이야. 하지만 내가 들은 이야기를 되풀이하지 말라는 법은 없으니까. 이제 내가 저 세상으로 가는 마당에 떠나는 나그네 길이 어떤 성질의 것인지 생각해보고, 또 그것에 대해 이야기하는 것은 매우 잘 어울리는 일이 아닐까 하네. 지금부터 해가 질 때까지, 내가 죽기 전에 이것 말고 얼마나 더 좋은 일을 할 수 있겠는가?

소크라테스는 그 주제에 대한 긴 논의를 시작함으로써 미래의 삶에 대한 확신을 선언했다.

오, 나의 재판관들이여! 나는 그대들에게 참철학자란 죽음이 임박했을 때 기쁜 마음을 가질 만한 이유가 있고, 또 죽은 후에는 저 세상에서 최대의 선을 얻을 희망을 가질 수 있다는 것을 증명하려 하네.

다음으로 이어지는 것은 영혼의 불멸에 대한 정교하고도 복잡한 '증거'다. 소크라테스는 대립 논법(argument from opposites)을 제시하고 있다. 그는 모든 사물의 보편적인 대립-우리가 날마다 자연 속에서 사물이 그 반대적 측면에 의해 초래되는 것을 보는 과정-에 관해 고찰하고 있다. 이를테면 잠은 깨어남으로 진행된다. 그리고 그 깨어남은 다시 잠으로 진행된다. 더 커지는 어떤 사물은 처음 사물이 먼저 작아져야 비로소 커질 수 있다. 그리고 축소(더 작아지는) 과정을 거치는 사물은 처음 사물이 커진 후에 비로소 작아질 수 있다.

마찬가지로 살아있는 것만 죽을 수 있다. 생명은 그 반대적 측면인 죽음을 산출한다. 따라서 죽음 역시 그것과 대립하는 생명을 산출해야 하는 것이다.

회상 이론

그다음으로 소크라테스는 사람들의 영혼이 그들이 태어나기 전에 존재했다는 사실을 증명하려고 시도한다. 이 논증은 플라톤의 유명한 '회상 이론'(theory of recollection)에 기초하고 있다. 플라톤은 회상 이론을 통해(메논[Meno]에서) 우리가 영혼의 선재 상태에서 오는 특정한 개념들을 우리 마음속에 가지고 태어난다는 사실을 주장하려 했다.

예를 들어 미와 선과 의와 거룩의 개념은 이생의 체험에서 습득되는 것이 아니라 출생할 때부터 이미 존재한다. 우리가 '학습'이라고 부르는 전반적인 과정도 육체의 정욕이 갖는 부정적인 영향력이 출생과 더불어 그 개념들을 희미하게 만들기 전에, 우리의 영혼 속에서 더 분명하게 깨닫고 있던 개념들을 회상하도록 기억을 자극하는 것에 불과하다.

일단 소크라테스가 이러한 회상의 개념과 더불어 영혼의 선재를 입증한다면, 몸이 죽은 후의 영혼의 계속적인 존재를 추정하는 것이 쉬워진다.

그러나 소크라테스의 제자 중 한 사람인 케베스는 여전히 회의적이어서 스승에게 이렇게 말했다.

> 그렇다면 선생님, 우리가 두려움에서 벗어날 수 있도록 우리를 납득시켜 주세요. 엄격하게 말하자면 그런 것을 두려워하는 것은 우리가 아니라, 우리 속에 있는 어린아이가 죽음을 마치 유령처럼 무서워하는 거지요. 그러니 이 어린아이도 설득하여 어두운 데 홀로 있을 때 두려워하지 않도록 해주세요.

소크라테스는 계속해서 영혼이 영적인 본질이라고 주장한다. 영적 본질인 영혼은 부패하거나 분해될 수 있는 물질로 만들어지지 않았다. 영혼은 본질적으로 교환(대체)할 수 있다. 쉽게 말해 그것은 죽을 수 없다. 여기 그에 대한 소크라테스의 답변이 있다.

케베스, 이것이 지금까지 말한 모든 것의 결론이 아닌지 한번 생각해 보게. 즉 영혼은 신적인 것과 흡사하고, 불멸하며, 예지적이고, 한결같은 모습으로 분해되지 않으며, 불변하는 것인데 반하여, 육체는 인간적이고 사멸할 것이요, 비예지적이며 형태가 다양하고, 분해될 수 있으며, 또 가변적이라고 하는 것 말일세. 친애하는 케베스, 이에 대한 반론이 있을 수 있을까?

그러나 소크라테스의 추론에 예기치 못한 상황이 발생한다. 그는 영혼이 불변하다는 점을 자세하게 설명한 후, 계속해서 영혼이 한 가지 면에서 변할 수 있다고 선언하고 있다. 즉 영혼은 도덕적으로 부패할 수 있다는 것이다. 그는 오염된 영혼은 추후의 환생을 통해 정화되어야 한다고 말하고 있다.

가령 마구 폭식을 한다거나 제멋대로 살거나 술에 취하는 것 같은 습관일세. 이런 습관에 젖어 이런 것들을 피하려고 생각한 적이 없는 사람은 당나귀나 그 밖의 동물 같은 것으로 태어나는 거야.

환생에 관한 소크라테스의 고찰은 현대의 독자들에게(셜리 매클레인의 주장에도 불구하고) 재미있게 들린다. 그는 늑대나 매나 벌이나 말벌이 되는 인간들을 언급하고 있다(그의 주장대로라면 우리가 우리의 고조부를 밟아 죽이지 않기 위해 정원의 거미들을 배려해야 할지 모른다).

오늘날 환생에 대한 사람들의 관심이 증가하는 것에는 몇 가지 매혹적인 질문이 야기된다. 예를 들어 '그토록 많은 사람이 영혼재생설에 매료되는 이유가 무엇인가?' 와 같은 것 등이다.

이 질문에 대한 간단한 대답은 영혼재생설이 우리에게 인생의 두 번째 기회를 제공해주기 때문이라는 것이다. 우리는 다시 삶을 살 수 있다면 어떻게 될까 궁금해한다. 그럴 때 어떤 변화가 일어날지 궁금하게 여긴다. 우리의 꿈은 '만일 ……라면' 이라는 생각과 '……할 수 있었는데' 라는 생각으로 시달린다.

사실 우리 모두는 해결되지 않은 죄의 짐을 지고 있다. 때문에 두 번째 인생이 우리의 죄를 속하고, 이생의 실패와 결함들을 벌충할 수 있는 기회를 제공해줄 거라 생각한다. 반복되는 환생의 개념은 진보의 소망, 즉 우리의 포부나 도덕적인 수행이 더욱더 향상될 수 있다는 소망을 전달하고 있는 것이다.

그러나 영혼재생설은 그 신념을 고수하는 사람들 안에서도 종종 논의되는 어려움에 직면하게 된다. 그것은 바로 의식적인 인식의 연속성 문제다.

나는 의식적인 인간이다. 그 의식에는 '기억' 이라는 놀라운 현상이 포함된다. 나는 어린아이였을 때 겪은 일들을 기억한다. 그렇게 내 기억 은행은 나의 개인적인 역사에 대한 지식을 저장한다. 물론 이 기억들 중 일부는 즐거운 것이고 일부는 불쾌한 것이다. 그러나 나는 나 개인의 역사다. 지금 이 순간의 나는 우연히 행하고, 생각하고, 느끼고 있는 것이 아니다. 나는 1943년에 크리스마스 선물을 풀었던 바로 그 사람이다. 1943년 그날 이후, 내 몸과 생각과 자아에는 그 일로 인한 분명한 변화가 일어났다. 그러한 변화는 생명이 계속되는 한 끊임없이 일어난다. 1943년의 어린아이로부터 성인인 지금에 이르기까지 인격의 연속성이 존재하는 것이다.

이제 이생이 세 번째나 네 번째, 혹은 백 번째 환생이라고 생각해 보자. 나는 이전의 환생에 대해 얼마나 기억하고 있을까?

나의 경우라면 대답은 간단하다. 즉 나는 아무것도 기억하지 못한다. 나는 출생 이전의 삶을 전혀 기억하지 못한다. 어떤 사람들이 최면술과 그 밖의 방법을 통해 자기들이 전생을 기억한다는 사실을 입증하려 애쓴다는 것을 잘 알고 있다. 하지만 이에 대한 주장들은 진정한 기억이라기보다 우리가 상상이라고 부르는 것을 지적해주는 것 같다.

당신에게 묻겠다. 태어나기 전에 이 세상에 살았던 기억이 나는가? 만일 그렇지 않다면 그 딜레마는 분명하다. 새롭게 주어지는 삶 사이에 의식적인 연결이 전혀 없다면 환생에 무슨 가치가 있는가? 의식의 연속성, 즉 기억이 전혀 존재하지 않는다면 어떻게 인격적인 연속성을 이야기할 수 있단 말인가?

만일 내가 인격적인 의식의 아무 연결 없이 이생 이후에도 계속 살게 된다면 이어지는 그 존재가 정말 나일까?

우리에게 이상해 보일 수 있는 이러한 전반적인 고찰은 매우 중요한 문제에 뿌리박고 있다. 그 주장의 이면에는 오염된 영혼의 문제와 해결되지 않은 정의의 문제가 숨어 있는 것이다.

민감한 사람들은 이 세상에서 완전한 정의가 구현되지 않는다는 사실에 늘 관심을 갖는다. 우리 모두는 의로운 사람들이 고난을 받고 사악한 자들이 성공하는 모습을 자주 본다. 다시 말해 이 세상은 할리우드 영화와는 대조적으로 악이 판을 친다. 아니, 영화 속의 로키(Rocky, 미국 영화에 나오는 권투 선수-역주)도 이기는 경기보다는 지는 경기가 더 많은 것 같다.

따라서 우리는 다음과 같은 질문을 자주 떠올리게 된다. 삶이 정의를 보장해주지 않는다면, 자선 사업이나 희생적인 행위에 동참할 이유가 어디 있는가?

실제로 윤리적인 행동의 문제는 벗어나고 싶은 불확실한 어려움이 되어가고 있다.

러시아의 작가 도스토예프스키가 이렇게 말했다. "하나님이 존재하지 않는다면 모든 것이 허용될 수 있다." 이 말을 통해 그는 핵심적인 문제를 언급하고 있다.

만일 하나님께서 존재하지 않으신다면 궁극적인 정의는 보장되지 않는다. 궁극적인 정의가 보장되지 않는다면 어느 누가 도덕적인 의무를 따라 행동하겠는가? 누구든 전적으로 자기 이익만 위해 행동하지 않겠는가?

세상에서의 당위성

많은 사람이 일상생활 중에 "……해야 한다"(ought, should, must)는 말을 매우 빈번하게 사용한다.

우리는 자녀들에게 이렇게 말한다. "너는 진실을 말해야 한다." 그러면 그들은 "왜"냐고 물을 것이다. 그럴 때 뭐라고 답하는가? 우리는 "내가 그렇게 말하기 때문이야."라는 답으로 단순히 힘의 논리에 의존할 수 있다. 혹은 "정직이 최선의 방책이기 때문이야."라고 말하며 그들 자신의 사리(私利)에 호소할 수도 있다. 그러나 어린아이조차 과자 그릇에서 과자를 훔친 사실을 고백해야 할 때 과연 정직이 최선의 방책일까를 궁금해하기 마련이다.

누군가 "……해야 한다"고 말할 때, 우리는 "누가 그렇게 말하는 거죠?"라든가 "왜 그래야 하죠?"라는 두 개의 보편적인 질문으로 응하고 싶은 유혹을 받는다. 이러한 질문은 도덕적 의무의 근거, 혹은 기초의 문제를 야기한다. 어떤 사람이 어떤 것의 '당위성'을 말할 수 있는 강제적인 이유가 존재할까?

우리의 언어는 다음 두 문장 사이에 있는 지극히 중요한 차이를 나타낸다.

1) 나는 어떤 일을 하고 싶다.
2) 나는 어떤 일을 해야 한다.

이 두 문장의 차이는 욕구와 의무다. 만일 내가 나의 의무가 요구하는 대로 일하기 바란다면, 갈등은 존재하지 않는다. 또 내가 해야 하는 일을 하기 원한다면, 결정을 내리기가 쉽다. 욕구와 의무 사이에 갈등이 있을 때 도덕적인 갈등이 생긴다. 내가 양심의 갈등을 느끼게 되는 것은 해서는 안 될 일을 하고 싶어 하거나 해야 하는 일을 하고 싶지 않을 때 일어난다.

해야 한다는 말은 한 가지 이상의 방법으로 사용된다. 독일의 철학자 임마누엘 칸트는 두 가지 형태의 당위성, 혹은 명령으로 구분했다. 즉 그는 이론적인 명령과 도덕적인 명령을 구별했다.

이론적인 명령은 특별히 바라는 목적들을 달성하는 데 필요한 수단을 따르는 것을 함축하는, 일종의 당위성과 연관된다. 예를 들어 만일 우리가 비가 올 것 같은 날에 일을 하러 간다면, 우리는 스스로에게 "우산을 가져가야 한다"고 말한다. 이것은 도덕적인 의무에 관한 말이 아니다(우리의 몸을 돌봐야 한다는 도덕적인 의무를 함축하지 않는 선에서 그렇다). 여기서 고려되는 것은 다음과 같다. "만일 비에 젖고 싶지 않다면 나는 그 목적을 달성하는 데 필요한 수단을 사용해야 한다. 비를 피하려면 우산이 있어야 한다. 비에 젖고 싶지 않다면, 우산을 가지고 가야 한다."

또 다른 실례를 생각해보자. 어떤 사람이 강도가 되기로 결심한다고 하자. 그는 성공적인 강도가 되기를 바란다. 그래서 이렇게 생각한다. '성공적인 강도가 되려면 강도 행위 중에 잡히지 않을 방법을 강구해야 한다.' 여기서 강도는 이론적인 명령의 견지에서 생각하고 있다. 만일 그가 도덕적인 명령의 견지에서 생각한다면, 스스로에게 강도짓을 하지 말아야 한다고 말할 것이다.

이론적인 명령에서 도덕적인 명령으로 이동하자마자 우리는 의무의 세계로 들어가게 된다. 의무는 윤리의 문제들을 포함하기 때문이다. 여기서 "……해야 한다"는 말은 도덕적인 의무를 암시한다. 즉 내가 하고 싶어 하는 일이 내가 해야 하는 일에 종속되어야 함을 의미하는 것이다.

우리 모두는 욕구와 의무 사이의 갈등을 체험한다. 우리는 우리가 바라는 일들 중에 옳지 않은 것이 있다는 사실을 알고 있으며, 그러한 갈등의 부담을 느끼고 있다.

그러나 도덕적으로 옳은 일이라는 것이 아예 없다고 생각해보라. 옳고 그름이 도덕적인 관례, 즉 사회가 부드럽게 돌아갈 수 있도록 돕는 임의적인 규칙에 불과하다고 생각해보라. 모든 명령이 도덕적인 명령으로 이어지지 않는, 이론적인 명령에 불과하다고 생각해보라. 그런 상황에서 문제가 되는 것은 그 강도가 붙잡히지 않도록 스스로를 보호하는 것뿐이다. 다시 말해 그 강도가 행할 수 있는 유일한 악은 성공적인 강도질에 실패하는 일뿐이다.

이 모든 사실이 사후의 삶과 무슨 연관이 있을까?

모든 면에서 연관된다. 옳고 그름 같은 것이 존재하지 않는다면, 도덕적인 의무 같은 것이 존재하지 않는다면 공정함 같은 것도 존재하지 않는다. 그리고 공정함 같은 것이 존재하지 않는다면 궁극적으로 정의 같은 것도 존재하지 않게 된다. 정의는 그저 하나의 의견이 될 뿐이다. 즉 개인이나 어떤 그룹의 선택을 의미하게 되는 것이다. 만일 한 사회의 다수가 간음에 상을 주기로 결정한다면 간음한 사람이 상을 받아야 정의가 구현된다. 반면 다른 어떤 사회의 다수가 간음에 벌주기를 선택한다면 간음한 사람이 벌을 받아야 정의가 구현된다. 이러한 도식에서는 궁극적인 정의 같은 것이 존재하지 않는다. 개인이나 특정 그룹의 뜻은 결코 정의를 위한 궁극적인 도덕적 기준의 역할을 할 수 없기 때문이다. 그것은 단지 선택을 나타낼 수 있을 뿐이다.

반면에 옳고 그름 같은 것이 존재한다면 우리는 진정한 공정함에 대해 말할 수 있다. 그렇게 되면 정의는 무엇이 의로운가에 따른 상과 벌의 견지에서 논의될 수 있다. 그럴 때 "……해야 한다"는 말은 진정한 도덕적 명령의 능력으로 꽉 채워지게 되는 것이다.

칸트와 도스토예프스키가 씨름한 문제는 다음과 같다. '궁극적인 정의 없이 도덕적인 의무의 건전한 기초가 있을 수 있는가?' '궁극적인 정의가 존재하지 않는다면 정의로워지는 데 관심을 가져야 할 이유가 무엇인가?' 이러한 문제를 조금 더 발전시킨다면, 우리는 우리의 도덕적인 결정이 문제 되지 않을 때 우리도 문제가 되지 않는다고 말할 수 있다. 즉 우리의 행위가 궁극적으로 문제가 되지 않는다면 우리의 삶도 궁극적으로 문제가 되지 않는 것이다.

이것이 칸트가 도덕적인 의무가 없는 삶을 의미 없는 삶으로 본 이유다. 우리는 개인적인 선택과 의견에 기초하여 우리 삶에 의미를 부여할 수 있다. 그러나 그것으로 소유할 수 있는 것은 우리 삶에 의미가 있다는 정서적인 희망뿐이며, 그것은 허공에 뿌리를 박은 정서적인 희망에 불과하다.

칸트는 옳고 그름에 대한 인간의 의식이라는 보편적인 실재를 인식하였다. 모든 사람은 도덕적인 의무를 의식하며 기능을 발휘한다.

즉 우리 모두는 "나는 ……해야 한다"는 명령의 부담을 느낀다. 칸트는 그다음으로 실제적인 질문을 제기했다. "이러한 도덕적 의식이 의미를 갖기 위해 실제로 필요한 것은 무엇인가?"

그의 첫 번째 결론은 지극히 중요한 것이었다. 그는 도덕적인 의식이 의미 있어지려면 공정함 같은 것이 있어야 한다고 주장하였다. 공정함, 혹은 옳고 그름이 의미를 가지기 위해서는 정의가 존재해야 한다. 따라서 정의는 도덕적인 의무가 의미를 갖는 데 필요한 필수조건의 역할을 한다.

그러나 여기에 문제점이 있다. 우리는 이 세상에서 언제나 정의가 구현되는 것이 아님을 안다. 너무도 많은 강도들이 성공적으로 강도질을 자행한다. 이것이 궁극적으로 범죄가 유익한 일이며 의로운 사람의 권리가 보장되지 않음을 의미하는가?

이것이 궁극적인 정의가 존재하지 않을 때 우리가 이를 수 있는 유일한 결론이다. 근사(近似)한 정의, 즉 강도가 붙들리고 희생자들의 소유물이 원래의 자리로 되돌아오는 것 같은 부분적이고 일시적인 정의가 있을 수 있다. 그러나 정의의 척도는 여전히 균형에서 벗어나 있다. 정의가 궁극적으로 의미 있어지려면 근사한 정의 이상의 궁극적인 정의가 필요한 것이다.

궁극적인 정의가 존재하기 위한 선결 조건은 다음과 같다. 우리는 무덤을 이기고 살아남아야 한다. 만일 우리가 무덤을 이기고 살아남지 못한다면 정의는 궁극적인 것이 되지 못하며, 도덕적인 의무에 대한 우리의 의식도 바람을 잡으려는 것처럼 무의미한 일이 되어버리는 것이다.

그리고 만일 궁극적인 정의가 구현된다면 우리는 그것을 체험하기 위해 그곳에 있어야 한다. 무덤을 이기고 살아남지 않는 한, 우리는 정의를 소유할 수 없다. 여기서 칸트는 욥기와 전도서의 말씀에 덧붙여 소크라테스와 플라톤의 생각들을 반영하고 있다.

완전한 재판관

우리가 무덤을 이기고 살아남는다고 가정해보자. 그리고 우리가 말벌이나 당나귀로 다시 환생한다고 생각해보자. 그러면 우리는 한층 더 불공정한 상황에 사로잡히게 될지 모른다. 발람의 나귀처럼 정당한 이유 없이 우리를 때리는 주인을 두게 될지 모르는 것이다.

재판받는 사람 없이는 재판을 할 수 없다. 그 자리에 있는 유일한 사람이 고소를 당하는 경우에도 재판은 있을 수 없다. 재판관이 있어야 한다. 재판관이 없다면 재판도 없다. 그리고 재판이 없다면 정의도 없다.

따라서 궁극적인 정의를 위한 두 번째 필수 조건은 궁극적인 재판관의 존재다. 그러나 이 재판관은 일반적으로 요구되는 재판관이 아니다. 궁극적인 정의가 확보되려면 그 재판관에게 적절한 특징이 있어야 하는 것이다.

우선 그 재판관 자신이 의로워야 한다. 완전히 의로워야 한다. 그 재판관의 인격에 도덕적인 흠이 있다면 그의 재판이 오염될 것이며,

완전한 재판에 대한 우리의 요구도 이뤄지지 않을 가능성이 크기 때문이다.

그러나 그 재판관이 전적으로 의롭기는 하지만 다른 약점을 갖고 있다고 생각해보라. 그가 최선의 의도를 가지고 있으며 도덕적으로도 결함이 없지만 완전한 평결을 내리는 데 필수적인 지식이 결여되어 있다고 생각해보라. 우리는 나무랄 데 없는 재판관을 생각해볼 수 있다. 그는 뇌물을 받지 않으며 편견에 사로잡혀 있지도 않다. 하지만 그는 복잡한 경감 사유들을 완전히 파악하지 못하고 있다. 그는 최선을 다해서 판결을 내릴 수 있지만 그 판결은 완전히 정의로울 수 없다. 완전한 정의는 모든 경감 사유에 대한 완전한 지식을 요구한다. 완전한 지식 없이도 완전한 정의가 일어날 수 있는 가능성이 있지만 그것은 매우 우연한 경우다. 완전한 정의가 확보되기 위해서는 완전한 재판관이 완전한 지식을 보유해야 한다. 요컨대 완전한 재판관은 관련된 세부 사항이 그의 눈길을 벗어나 그의 판결을 왜곡시키지 않도록 전지(全知)해야 한다.

이제 우리의 완전한 재판관이 완전한 성실성과 완전한 지식을 가지고 완전한 판결을 내린다고 가정해보자. 그러면 그것으로 완전한 정의를 확보하기에 충분한가?

아직까지는 그렇지 못하다. 완전한 결정이 내려졌다면, 이제 그 결정이 실행에 옮겨져야 하기 때문이다. 완전한 법이 완전한 행동을 보장하지 못한다. 완전한 판결이 완전한 결과를 확보해주는 것도 아니다. 죄수가 탈옥하여 교묘히 정의를 벗어날 수도 있는 것이다.

그러므로 완전한 재판이 실행에 옮겨지기 위해서는 재판관이 정의를 실현하는 데 필요한 능력을 보유해야 한다. 그는 정의의 흐름에 저항하려는 모든 시도를 막기에 충분한 힘을 보유해야 한다. 그의 주권적인 권세와 권위를 벗어난, 무리에서 벗어난 단일한 분자는 있을 수 없다. 그 단일한 분자가 정의라는 기계의 가동을 멈추는 모래알이 될 수 있기 때문이다. 따라서 완전한 재판관은 완전한 능력을 보유해야 한다. 전능해야 한다. 바로 그것이 "주 우리 하나님 곧 전능하신 이가 통치하시도다"(계 19:6)라는 구절에 담겨져 있는 좋은 소식이다.

만일 전능하신 여호와 하나님께서 통치하시지 않는다면 우리에게는 정의에 대한 소망이 없다. 무능한 여호와 하나님은 정의를 구현할 수 없기 때문이다. 도덕적으로 완전하시고, 전지하시고, 불변하시고, 영원하시고, 전능하신 하나님보다 못한 것은 우리의 도덕적인 의무감을 의미 있는 것으로 만들어줄 수 없다. 거듭 말하지만 하나님이 없다면 정의도 없다. 정의가 없다면 궁극적인 옳고 그름도 없다. 결국 우리는 도스토예프스키의 결론으로 돌아오게 된다. "하나님이 존재하지 않는다면 모든 것이 허용될 수 있다."

그러한 결론은 인간과 사회에 진정한 윤리의 기초를 제공해주지 못한다. 윤리적인 기초가 없다면 사회 유지가 불가능해진다. 유신론적인 규범들의 잔재로 잠시 동안 간신히 유지될 수 있을 뿐 곧 견디기 어려운 관례들의 무게 때문에 결국 무너지고 말 것이다.

그러므로 칸트는 실제적인 근거를 바탕으로 하나님의 존재와 사후의 삶을 주장하였다. 그 두 가지 가정이 인간 사회의 생존 자체를 위해 필수적이라는 것이다.

그는 그러한 실제적 고려 사항들이 하나님의 존재를 '입증' 해주지 못한다는 사실을 깨닫고 있었다. 그것들은 삶이 의미 있어지려면 정의를 보증하는 하나님이 있어야 한다는 사실을 입증할 뿐이다. 또한 옳고 그름에 대한 인식이 의미를 지니려면 하나님이 반드시 존재해야 한다는 사실을 입증할 뿐이다. 칸트는 "우리는 마치 하나님이 존재하는 것처럼 살아야 한다"고 말했다. 그의 주장에서 볼 수 있는 강점은 그것이 하나님의 존재나 사후의 삶을 입증한다는 것이 아니라, 자가당착에 빠지는 모든 철학자의 입을 막는다는 사실에 있다. 그것은 철저한 유신론과 철저한 허무주의 사이의 어딘가에서 쉴 곳을 찾으려 하는, 중도를 걷는 모든 견해를 철저하게 분쇄한다.

칸트 이후의 많은 철학자들이 허무주의적인 절망의 철학으로 기울어 온 것은 우연이 아니다. 그들은 하나님이나 사후의 삶을 믿을 수 없다고 주장한다. 그런 신념들을 선택하지 않을 수 없다는 것이다. 또한 그들은 하나님이 존재하지 않는다고 말한다. 즉 정의가 존재하지 않는다는 것이다. 옳고 그름 같은 것이 존재하지 않기에 우리는 우리의 도덕적인 결정에 적대적이지도 않고 호의적이지도 않은 우주에 홀로 살고 있다고 주장한다. 하지만 그렇지 않다. 사정은 그보다 훨씬 더 나쁘다. 우리는 궁극적으로 인간의 행동에 무관심한 우주 안에 살고 있다. 그 우주는 궁극적으로 조금도 개의치 않는다. 왜냐하면 인간이 조금도 가치가 없기 때문이다.

우리 몸에 있는 모든 뼈는 인간의 삶에 대한 그러한 부정적 견해에

이의를 제기한다. 우리는 우리의 삶이 중요하다는 소망을 가지고 호흡한다. 우리의 마음도 모든 것이 무익하다는 사실을 받아들이려 하지 않는다. 우리는 소크라테스나 플라톤 같은 철학자들의 실제적인 사색에서 위로를 받는 동시에 더 큰 위로를 갈망한다. 우리에게는 정의가 구현되기 바라는 실제적인 희망을 초월하는 확신이 필요하다.

우리에게 필요한 것은 '외부에 존재하는'(out there)이라는 단어다. 우리에게는 우리의 소망이 의미를 찾으려는 내적 충동에 기초한 단순한 환상이 아니라는 확실한 증거가 필요하다. 용기를 얻기 위해 '마치 ……같은' 것 이상이 필요한 것이다.

이것이 신약성경의 '복음'이 지극히 중요한 이유다.

오늘날 우리는 역사적인 실재에 대한 고찰을 초월하는 기록을 소유하고 있다. 이제 그리스도의 메시지와 기록으로 주의를 돌려보자. 그리고 나사렛 예수의 메시지와 무덤을 이기신 그분에 대한 증거에 귀를 기울여보자.

7. 예수님과 사후의 삶

철학자들의 사색을 초월하고 초자연적인 것을 피하기 위해 우리는 예수님께 주의를 돌려야 한다. 사후의 삶이라는 주제에 대한 것이라면 어떤 사람의 가르침도 나사렛 예수의 가르침에 필적하거나 그것을 능가하지 못한다. '무덤 너머의 삶'은 그분이 가르치신 메시지의 핵심이었다.

사후의 삶에 대한 예수님의 말씀 가운데 가장 잘 알려진 것 중 하나가 요한복음 14장에서 발견된다. 여기서 예수님은 최후의 만찬을 위해 다락방에 모습을 나타내신다. 기록된 대화는 그리스도께서 십자가에 달리시기 전날 밤, 즉 겟세마네 동산에서 기도하신 후 잡히시던 날 밤에 일어난 일이다. 여기서 예수님은 제자들을 위로하시기 위해 이렇게 선언하신다.

"너희는 마음에 근심하지 말라 하나님을 믿으니 또 나를 믿으라 내 아버지 집에 거할 곳이 많도다 그렇지 않으면 너희에게 일렀으리라 내가 너희를 위하여 거처를 예비하러 가노니 가서 너희를 위하여 거처를 예비하면 내가 다시 와서 너희를 내게로 영접하여 나 있는 곳에 너희도 있게 하리라"(요 14:1-3).

왜 제자들은 마음에 근심했을까? 바로 앞 13장에서는 예수님이 근심하셨다. 사도 요한은 이렇게 말하고 있다. "예수께서…… 심령이 괴로워"(요 13:21).

예수님은 곧 유다의 손에 배신당할 것을 선언하셔야 했기에 괴로우셨다. 그 상황을 상상해보라. 불길한 분위기가 장막처럼 다락방을 휘감고 있다. 3년의 공생애 기간 동안 함께 친밀한 교제를 나눈 예수님과 그분의 제자들이 마침내 이 시간에 이르게 되었다. 그것은 심오한 위기의 시간이었다. 근심할 만한 이유가 충분했다. 이제 다 틀렸다는 느낌이 그들 주위를 감돌고 있었다. 예수님은 자신의 때가 임했음을 알고 계셨다. 그분은 자신의 죽음이 임박했음을 친구들에게 계시하셨고, 매우 혼란스러운 세 가지 사실을 선언하셨다. 제자들의 두려움은 커질 수밖에 없었다. 그분은 유다가 자신을 배신할 것이며, 베드로도 예수님을 부인할 것이라고 선언하셨다. 가장 나쁜 소식은 그분이 그들을 떠나신다는 것이었다.

"작은 자들아 내가 아직 잠시 너희와 함께 있겠노라 너희가 나를 찾을 것이나 그러나 일찍이 내가 유대인들에게 너희는 내가 가는 곳에 올 수 없다고 말한 것과 같이 지금 너희에게도 이르노라"(요 13:33).

이 말을 들은 베드로는 이렇게 부르짖었다. "주여 어디로 가시나이까!" 그러자 예수님은 이렇게 대답하셨다. "내가 가는 곳에 네가 지금은 따라올 수 없으나 후에는 따라오리라"(요 13:36).

이러한 그리스도의 말씀은 역사적인 내용으로 채워져 있다. 예수님과 시몬 베드로의 관계는 다음과 같은 간단한 말씀으로 시작되었다. "나를 따라오라"(마 4:19).

이 말을 들은 베드로는 그물을 버리고 예수님을 따랐다. 문자 그대로 예수님을 따랐다. 그는 예수님이 가시는 곳마다 따라다녔다. 가나의 혼인 잔치에도 예수님과 함께 있었고, 변화산에도 그분과 함께 올라갔다. 그분과 함께 물 위를 걷기도 했다. 그러나 이제 그 일이 갑작스럽게 끝나게 되었다. 예수님께서 "너희는 내가 가는 곳에 올 수 없다"고 말씀하셨기 때문이다.

한 사람이 죽음에 이를 때 경험할 수 있는 가장 어려운 차원 중 하나는 그 여행이 동반자 없이 홀로 떠나는 것이라는 근심스러운 사실이다.

우리는 사랑하는 사람들 곁에 앉을 수 있다. 그들의 손을 잡고 그들도 우리의 손을 잡을 수 있다. 그러나 분리가 일어나는 순간이 온다. 비록 일시적이지만 그 분리의 순간에 우리의 영혼이 근심하게 된다. 정확한 죽음의 순간에, 마지막 숨을 내쉬고 심장이 멈출 때 "그는 떠났다!"라는 공표가 이뤄진다. 그렇게 우리는 죽음을 떠남, 분리로 묘사한다.

엘리야가 사르밧 과부의 공궤를 받았을 때 그녀의 아들이 몹시 아파 죽게 되었다. 구약성경은 엘리야가 그 아들을 죽은 자 가운데서 다시 살렸다고 기록하고 있다. 그러나 그 기적이 일어나기 전에 과부는 근심 중에 엘리야에게 욕설을 퍼부었다. "하나님의 사람이여 당신이 나와 더불어 무슨 상관이 있기로 내 죄를 생각나게 하고 또 내 아들을 죽게 하려고 내게 오셨나이까"(왕상 17:18). 그러자 엘리야는 다음과 같은 명령으로 답했다. "아들을 달라"(왕상 17:19).

엘리야는 기적을 행하기 전에 죽은 소년을 어머니의 팔에서 취해야 했다. 본문을 볼 때 슬픔에 잠긴 그 과부가 자기 아들의 시신을 필사적으로 붙들고 있었음이 분명하다. 그 장면은 유별난 것이 아니다. 우리는 가능한 한 오래 사랑하는 사람들을 붙들어두고 싶어 한다. 분리의 순간은 모두에게 견딜 수 없는 시간인 것이다.

예수님이 남기신 말씀도 어떤 면에서는 수수께끼 같다. "후에는 따라오리라"라는 말씀의 의미가 무엇일까? 아마도 베드로는 이 말씀의 의미를 다음과 같이 이해했을 것이다. "지금은 네가 나를 따라 죽을 수 없을 것이다. 하지만 후에는 너도 죽을 것이다."

이제 다음과 같은 의문이 남는다. 베드로는 어디로 따라가게 되어 있었는가? 단순히 무덤까지 따라가는 것이었을까? 예수님은 요한복음 14장에서 그 의문에 답하셨다. "너희는 마음에 근심하지 말라"고 하셨을 때 그렇게 명하시는 이유를 밝히셨다.

무엇보다 그분은 그들에게 믿음의 행위를 명하셨다. "너희는 마음에 근심하지 말라 하나님을 믿으니 또 나를 믿으라"(요 14:1). 그분은 단순히 "나를 믿으라"고 말씀하셨다. 예수님은 맹목적인 믿음의 도약을 요구하지 않으신다. 제자들에게 자신을 믿으라고 요청하셨을 때도 그분의 요청을 지지해주는 축적된 역사가 존재하고 있었다. 마치 이렇게 말씀하시는 것 같았다. "보아라, 나는 절대로 너희를 실망시킨 적이 없다. 내 아버지께서는 한 번도 약속을 어기지 않으셨다. 나도 그런 적이 없었다. 나는 내가 미쁘다는 사실을 입증해왔다. 내가 멀리 떠나는 지금은 나의 약속에 기초하여 나를 믿을 때다. 하나님을 믿으니 나를 믿으라. 너희의 근심하는 마음을 편안하게 하는 열쇠는 나를 믿는 것이다."

이것이 기독교의 핵심이다. 이것이 우리가 기독교 종교가 아닌, 기독교 신앙을 언급하는 이유다. 종교는 인간 외면의 종교적 관습들과 연관되어 있다.

그러나 기독교, 즉 기독교 신앙은 당신의 삶 자체를 위해 하나님을 믿는 것과 연관된다. 예수님이 제자들에게 요구하시는 것은 커다란 조치다. 하나님의 존재를 믿는 것과 하나님을 믿는 것은 별개의 일이다. 이것은 이론상으로 아무런 조치도 요구하지 않지만 실천상으로는 매우 주요한 조치를 요구하고 있다. 사실상 하나님의 존재를 믿는 것과 하나님을 믿는 것을 구별하는 것은 아무 차이가 없는 궤변에 불과하다. 우리가 하나님의 존재를 믿는다면, 하나님께서 우리에게 말씀하시는 모든 것을 믿게 될 것이다.

그럼에도 불구하고 구체적인 실재에 있어서는 하나님에 대한 우리의 이론적인 믿음과 그분이 말씀하시는 바에 대한 우리의 실제적인 신뢰 사이에 종종 간격이 존재한다. 우리의 믿음은 순수하지 못하다. 불순물로 손상된 금처럼 우리의 믿음에도 종종 의심이 섞인다. 때문에 우리는 이렇게 부르짖는다.

"주여, 믿습니다. 저의 믿음 없음을 도와주소서."

죽음의 순간에 두려움과 의심이 마음을 공격하고 우리의 믿음을 욱여쌀 수 있다. 우리가 "나를 믿으라"는 예수님의 말씀을 들어야 하는 것은 바로 그 순간이다.

거처를 마련하시는 주님

예수님은 이제 제자들이 궁극적으로 따르게 될 '곳'의 실체를 선언하신다. "내 아버지 집에 거할 곳이 많도다…… 내가 너희를 위하여 거처를 예비하러 가노니"(요 14:2).

예수님은 열두 살 때 성전에서 신학자들을 당황하게 만드셨다. 근심에 잠긴 부모는 그곳에서 예수님을 발견하고 이렇게 꾸짖었다. "아이야 어찌하여 우리에게 이렇게 하였느냐 보라 네 아버지와 내가 근심하여 너를 찾았노라"(눅 2:48).

하지만 소년이었던 예수님은 근심에 잠긴 어머니를 이렇게 조용히 나무라셨다. "어찌하여 나를 찾으셨나이까 내가 내 아버지 집에 있어야 될 줄을 알지 못하셨나이까"(눅 2:49).

예수님의 아버지 집은 바로 성전이었다. 후에 예수님은 예루살렘 성전을 자신의 아버지 집으로 말씀하셨다. "내 아버지의 집으로 장사하는 집을 만들지 말라"(요 2:16).

요한복음 14장에서 예수님은 아버지의 집을 다시 언급하신다. 그러나 그분이 언급하신 것은 더 이상 예루살렘 성전이 아니다. 그 성전은 지상에 있는 하나님의 집이었다. 예루살렘 성전은 무너질 수 있는 것이고 실제로 파괴되었다. 여기서 예수님은 하늘의 예루살렘, 아버지의 궁극적인 집을 언급하셨다.

또한 예수님은 제자들에게 그들이 자신을 따라 언젠가 하늘에 있는 아버지의 집으로 가게 될 것이라 약속하셨다. 그분은 "내가 너희를 위하여 거처를 예비하러 가노니"라고 선언하셨다. 예수님은 그들의 마음을 근심하게 만든 자신의 떠남이 커다란 기쁨의 때가 되어야 한다고 설명하셨다. 예수님은 하늘에 그들의 거처를 마련하시러 그들을 떠나셨다. 이와 같이 예수님은 우리가 천국에 갈 수 있도록 만드실 뿐 아니라 그곳에 가서서 우리가 거할 곳을 확보해 놓으신다.

나는 1년 중 약 9개월을 집 밖에서 보낸다. 그렇게 많은 여행을 하다 보니 장래의 일을 고려하는 습관을 갖게 되었다. 나는 여행에 대한 나의 심리적 패턴을 몇 가지 알게 되었다. 그중 한 가지는 사전 예약에 대해 까다롭다는 것이다.

우리가 천국으로 여행을 떠날 때는 가장 훌륭한 가이드가 가장 훌륭한 예약을 마쳐 놓은 후가 될 것이다. 즉 예수님이 우리 아버지 집에 거처를 마련하러 우리보다 앞서 가셨다.

지친 여행자에게는 호텔 예약이 제대로 되어 있지 않거나 다른 사람에게 방이 주어진 사실을 발견하는 것보다 더 큰 좌절이 없다. 이러한 혼란은 종종 일어나기 마련이며, 그럴 때마다 우리를 미치게 만든다.

그러나 천국에서는 그런 일이 일어날 수 없다. 만일 우리가 그리스도께 속해 있다면 우리는 확실하게 예약이 되어 있다. 아버지 집에는 거할 곳이 많다. 뿐만 아니라 다른 어느 누구도 빼앗을 수 없는 거처가 우리를 위해 마련되어 있다.

'어른'의 견해

나는 천국에 관한 예수님의 말씀 중 가장 위로가 되는 말씀이 요한복음 14장 2절에 있다고 생각한다. 예수님은 이렇게 말씀하셨다. "그렇지 않으면 너희에게 일렀으리라"(요 14:2).

이 말씀에는 아버지다운 어조가 담겨 있다. 예수님은 자녀들에게 이야기하는 아버지처럼 말씀하신다.

우리는 앞에서 예수님이 자기 제자들을 "작은 자들"이라고 부르셨던 것에 주목하게 된다. "작은 자들아 내가 아직 잠시 너희와 함께 있겠노라"(요 13:33).

부모가 자녀들에게 인생의 엄연한 사실들에 대해 이야기해줘야 하는 때가 있다. 때가 되면 어린아이들은 동화와 신화의 영역에서 벗어나야 한다. 어린아이가 점점 자라게 되면 언젠가 산타클로스와 부활절 토끼에 대한 진상을 알게 된다. 삶에서 신화적 요소를 제거하는 하나의 업무가 처리되는 것이다. 어린아이들을 즐겁게 하고 매혹시켰던 것들은 차츰 성인 세계의 거친 현실을 대비하기 위한 것들에게 자리를 내주어야 한다. 어린아이 같은 일들을 버려야 할 때가 있는 것이다.

사도 바울은 이렇게 선언하였다.

"내가 어렸을 때에는 말하는 것이 어린아이와 같고 깨닫는 것이 어린아이와 같고 생각하는 것이 어린아이와 같다가 장성한 사람이 되어서는 어린아이의 일을 버렸노라"(고전 13:11).

만일 어떤 사람이 어린아이의 일을 버리지 못한다면, 그는 심각한 장애가 있는 성인기를 직면하게 된다. 즉 어린 시절의 신화에 너무 오랫동안 매달리는 것은 지적으로 불구가 되는 일이다.

예수님은 제자들이 장성한 사람들로서 그들의 사역을 수행하고 그들에게 일어날 환난에 직면하려면 신화와 현실을 구별할 수 있어야 한다는 사실을 이해하셨다. 때문에 선생이신 예수님은 다른 여느 선생들처럼 학생들이 교실에 가지고 들어온 잘못된 개념들을 버리게 하셔야 했다. 교육은 새로운 정보를 습득하는 것 이상을 포함한다. 진정한 교육은 대개 비판적이고 엄밀한 조사를 견딜 수 없는 특별한 개념이나 이론들을 버리는 고통스러운 과정을 수반한다. 마찬가지로 예수님의 가르침에도 잘못된 개념들을 바로잡는 일이 포함되었다.

여기서 예수님은 그들의 특별한 개념 중 하나가 교정되어야 한다고 선언하신다. 사후의 삶에 대한 제자들의 소망은 신화나 환상이 아니었다. 영생에 대한 그들의 확신은 환상적인 형태의 희망을 투영한 것이 아니었으며 어린아이 같은 면도 없었다.

산타클로스를 잃은 정신적 상처를 체험한 어린아이가 부모가 자기에게 가르쳐주는 모든 것을 의심하는 것은 자연스러운 일이다. 하나님은 어떤가? 천국은 어떤가? 그 모든 것이 내가 포기해야 하는 동화 세계의 일부분인가?

이러한 의심에 봉착하신 예수님은 이렇게 선언하셨다. "그렇지 않으면 너희에게 일렀으리라." 이러한 선언은 부정적인 형태의 신적 계시다. 악의를 품은 실존주의 신학자들에게는 그것이 명제적인 진리로 받아들여졌을 것이다. 그 말씀은 조건문으로 진술되어 있다. 여기서 고려되는 것은 사실과 반대되는 상황이다.

예수님은 이렇게 말씀하고 계셨다. "만일 미래의 삶에 대한 너희 믿음의 근거가 확실하지 않았다면, 내가 너희의 잘못된 희망을 바로잡았을 것이다. 그러나 천국은 실제로 존재하며 너희는 그것을 신뢰할 수 있다. 나는 결코 그토록 중대한 개념을 바로잡지 않은 채로 내버려두지 않았을 것이다."

여기에 탁월한 교리적 진술이 있다. 예수님은 고도로 숙련된 지식 있는 랍비로서가 아니라 하나님께서 지명하신 선지자로서 이 점에 대해 말씀하신 것이다. 또한 그분은 하나님의 아들로서의 절대적이고도 무오한 권세를 가지고 말씀하신다. 그분은 다음과 같이 선언하셨다. "하늘과 땅의 모든 권세를 내게 주셨으니"(마 28:18).

예수님의 권세

인간의 모든 주장들 중 가장 담대한 이 주장이 옳다면, 하늘에 대한 예수님의 말씀들은 우리가 하늘이라는 주제에 대해 발견할 수 있는 가장 고귀하고 가장 가치 있는 정보의 근원을 제공해준다.

우리는 그분이 하늘의 모든 권세를 부여받으셨다고 말씀하신 사실에 주목하게 된다. 만일 하늘의 모든 권세를 소유하신 분이 하늘에 대해 말씀하신다면, 그 주제에 대한 그분의 가르침은 결점이 없다는 결론에 이르게 된다. 즉 여기서 우리는 무오한 권세를 대하게 되는 것이다.

예수님은 모든 권세의 근원, 권세 중의 권세이신 하나님으로부터 권세를 받으셨다고 주장하셨다. 세례요한도 예수님의 권세에 대해 이렇게 증거하였다.

"위로부터 오시는 이는 만물 위에 계시고 땅에서 난 이는 땅에 속하여 땅에 속한 것을 말하느니라 하늘로부터 오시는 이는 만물 위에 계시나니…… 하나님이 보내신 이는 하나님의 말씀을 하나니 이는 하나님이 성령을 한량없이 주심이니라"(요 3:31-34).

그리고 예수님은 다음과 같은 말씀을 덧붙이셨다.

"예수께서 대답하여 이르시되 내 교훈은 내 것이 아니요 나를 보내신 이의 것이니라"(요 7:16).
"너희가 나를 알고 내가 어디서 온 것도 알거니와 내가 스스로 온 것이 아니니라 나를 보내신 이는 참되시니 너희는 그를 알지 못하나 나는 아노니 이는 내가 그에게서 났고 그가 나를 보내셨음이라 하시니"(요 7:28-29).

"내가 너희에게 대하여 말하고 판단할 것이 많으나 나를 보내신 이가 참되시매 내가 그에게 들은 그것을 세상에게 말하노라…… 너희가 인자를 든 후에 내가 그인 줄을 알고 또 내가 스스로 아무것도 하지 아니하고 오직 아버지께서 가르치신 대로 이런 것을 말하는 줄도 알리라"(요 8:26-28).

뉴스 미디어나 학문적인 서적에서 중요한 정보를 얻을 때, 우리는 '출처를 고려'하려는 충동을 받는다. 그 정보가 믿을 만한 것인가를 확실하게 하기 위해 우리는 자료를 문서화한다. 마찬가지로 예수님께서 자신에 대한 정보의 근원이라고 주장하신 출처, 곧 그분이 자신이 가진 권세의 근원이라고 주장하신 출처는 하나님 자신이다. 예수님께 적대적이었던 사람들을 포함한 그분의 동시대 사람들은 예수님이 말씀하시는 태도에 당황했다.

"예수께서 이 말씀을 마치시매 무리들이 그의 가르치심에 놀라니 이는 그 가르치시는 것이 권세 있는 자와 같고 그들의 서기관들과 같지 아니함일러라"(마 7:28-29).
"그중에는 그를 잡고자 하는 자들도 있으나 손을 대는 자가 없었더라 아랫사람들이 대제사장들과 바리새인들에게로 오니 그들이 묻되 어찌하여 잡아 오지 아니하였느냐 아랫사람들이 대답하되 그 사람이 말하는 것처럼 말한 사람은 이때까지 없었나이다 하니"(요 7:44-46).

예수님은 권세 있는 자같이 말씀하셨다. 여기서 '권세'를 뜻하는 데 사용된 헬라어는 '엑수시아'(exousia)다. 이 단어는 '……로부터', 혹은 '……에서'를 뜻하는 전치사 '엑스'(ex)와 '존재하다'라는 동사의 현재 부사형인 '우시아'(ousia)로 구성되어 있다. 따라서 문자적으로 '존재로부터', 혹은 '본질'이라는 뜻을 지닌다.

우리가 사용하는 사전 대부분은 '엑수시아'를 '권세'나 '능력'으로 번역하고 있다. 사실 '엑수시아'라는 말에는 두 개념이 함축되어 있다. 따라서 우리는 그것을 '강력한 권세'라고 번역할 수 있으며, 그것은 곧 실체, 혹은 존재에 기초하고 있는 권세를 의미한다.

성경이 예수님께서 권세 있는 자같이 가르치셨다고 언급할 때 의미한 것은 쉽게 말해 예수님이 공허하거나 공상적인 의견을 말씀하신 게 아니라는 것이다. 그분은 자신의 말씀 배후에 '본질', 혹은 '실체'를 소유하고 계셨다. 그분의 권세는 바로 하나님의 존재, 또는 실체에 의해 뒷받침되고 있었다.

하나님께서 말씀하실 때, 말씀된 내용의 진실성과 현실성에 관한 모든 논쟁은 고질적으로 말이 많거나 이해할 수 없을 정도로 어리석은 자들을 제외하고 끝내는 것이 마땅하다. 어느 누가 감히 하나님을 바로잡으려 한단 말인가!

만일 예수님이 자신의 권세에 관한 진리를 말씀하신 것이 사실이라면, 어떠한 반대 의견도 그분이 사후에 관한 진리를 말씀하셨다는 결론을 반박할 수 없다. 더불어 "그렇지 않으면 너희에게 일렀으리라"는 그분의 선언은 여전히 우리에게 가장 큰 위로를 제공해준다.

유가족에 대한 위로

우리는 이따금씩 유가족을 위로하는 일에 직면하게 된다. 그것은 우리가 바라지 않을 뿐 아니라 우리를 두렵게 하는 일이다. 아무리 언변이 뛰어난 목사도 장례식 설교에서는 말을 더듬게 된다. 우리는 우리 스스로가 상(喪)을 당한 사람들에게 적절한 말로 위로하는 데 매우 부적합하다고 느낀다.

최근에 나는 나를 처음으로 고용했던 사람의 아내 장례식에 가게 되었다. 그는 내가 열네 살이었을 때 나를 구두 닦는 소년으로 고용했었다. 나는 그의 구두 수선 가게에서 그와 함께 일했고, 여러 해 동안 그와 연락을 주고받으며 그를 친구로 생각했다. 그러나 장례식장에 도착했을 때 나는 아무 할 말이 없었다. 내가 할 수 있는 일은 다만 그의 곁에서 조용히 한두 시간 정도 앉아 있는 것, 그와 함께 있어 주는 것뿐이었다. 슬픔의 순간을 맞은 그에게 말없이 나의 관심을 보여주는 일 말이다.

그때 내가 아무 말 없이 침묵을 지킨 것은 그 상황에 적합한 말이 없다고 생각했기 때문이었다. 나는 할 말을 떠올릴 수 없었다. 어떤 것에 대해서도 권세 있게 말할 수 없었다.

예수님은 나사로를 잃은 마리아와 마르다의 집에 가셨을 때 권세 있는 말씀으로 그들을 위로해주셨다. 그분은 마르다에게 이렇게 선언하셨다. "네 오라비가 다시 살아나리라"(요 11:23). 예수님의 이 말씀을 마르다는 미래의 부활에 대한 소망을 언급하신 것으로 이해했다.

"마지막 날 부활 때에는 다시 살아날 줄을 내가 아나이다"(요 11:24). 그러자 예수님은 이렇게 대답하셨다. "나는 부활이요 생명이니 나를 믿는 자는 죽어도 살겠고 무릇 살아서 나를 믿는 자는 영원히 죽지 아니하리니 이것을 네가 믿느냐"(요 11:25-26).

예수님은 이보다 더 담대한 말씀을 하신 적이 없으셨다. 그 순간 예수님은 영생을 자신과 직접 연결시키셨다. 영생, 즉 인류의 가장 큰 원수인 죽음 자체에 대한 승리를 자신에 대한 믿음과 연결시키신 것이다. 세계 역사상 그런 주장을 한 사람은 거의 없었다. 오직 한 사람만이 그러한 주장을 행동으로 뒷받침했다.

그와 같은 말씀을 초월하는 그분의 행위가 오늘날까지 기록으로 존재하고 있다. 그분의 모범은 그 말씀의 능력과 조화를 이룬다. 마르다에게 위로의 말씀을 하신 직후 예수님은 나사로의 무덤으로 가셨다. 마르다는 입구를 봉한 돌을 옮기라는 예수님의 말씀에 항의했다. 나사로가 죽은 지 나흘이나 되었기 때문이었다. 아마도 그의 시신은 방부 처리가 되지 않았을 것이다. 마르다는 나사로의 시신에서 악취가 날지도 모른다는 생각으로 두려움에 빠졌다.

그러나 결국 돌이 옮겨졌을 때 예수님은 큰 소리로 말씀하셨다. 그리고 신적인 명령으로 나사로를 죽음에서 불러내셨다. "나사로야 나오라"(요 11:43).

나사로의 수족은 수의로 동여져 있었다. 그의 영혼은 육신을 떠나 죽음의 손아귀에 붙들려 있었다. 그러나 예수님의 명령에 죽음이 그 손을 풀었다. 나사로의 심장이 다시 박동하기 시작하였고, 그의 혈관에 다시 피가 흐르기 시작하였다. 분해되고 있었던 조직이 신속하게 회복되어 건강을 되찾았다. 그는 꽉 죄는 수의에도 불구하고 무덤에서 걸어 나왔다. 그리고 예수님은 그곳에 있던 사람들에게 이렇게 명령하셨다. "풀어 놓아 다니게 하라"(요 11:44).

예수님께서 나사로와 야이로의 딸, 그리고 나인성 과부의 아들에게 행하신 일은 그분 자신의 몸에도 이루어졌다. 십자가에서 죽으시던 날, 예수님은 사람들의 조소를 당하셨다. 그들은 이렇게 소리쳤다. "저가 남을 구원하였으니 만일 하나님이 택하신 자 그리스도이면 자기도 구원할지어다"(눅 23:35).

죽음 앞에서 예수님은 당장이라도 자신을 구해줄 수 있는 열두 군단 이상의 천사들이 있음을 알고 계셨다. 그분이 한 마디만 하시면 천사들은 그분을 위해 행동을 개시했을 것이다. 그러나 그분의 의무는 죽으시는 것이었다. 때문에 그분은 마침내 그 잔을 마시고 자신을 아버지께 맡기셨다.

하나님의 아들이신 예수 그리스도는 사흘 동안 죽어 계셨고, 성부 하나님께서는 사흘 동안 침묵을 지키셨다. 그 사흘 동안 그분을 조롱했던 사람들은 그분에 대한 적개심 속에서 승리감을 느꼈고, 그분의 친구들과 제자들은 그분을 잃은 비할 수 없는 슬픔에 잠겨 있었다. 사흘 동안 그들은 두려움과 당황에 빠진 채 숨어 있었다.

그러나 마침내 전능하신 여호와 하나님께서 침묵을 깨셨다. 그분은 소리를 지르지 않으셨다. 그 일을 알리는 나팔 소리도 없었다. 조용한 동산에서 막달라 마리아가 잔잔하게 우는 소리만 정적을 깨고 있었다. 마리아는 예수님의 몸이 무덤에서 없어진 것을 보고 슬픔에 잠겼다. 그녀에게는 그분의 시신이 사라진 것이 그분의 위엄에 가해진 가장 몰상식한 공격으로 생각되었다. 그녀는 누군가가 그리스도의 몸을 훔쳐 간 것이라고 생각했다.

그런데 누군가가 그녀 곁에 서 있었다. 그녀는 그가 동산지기라고 생각했다. 그가 말했다. "여자여 어찌하여 울며 누구를 찾느냐"(요 20:15). 그러자 마리아는 이렇게 대답했다. "주여 당신이 옮겼거든 어디 두었는지 내게 이르소서 그리하면 내가 가져가리이다"(요 20:15). 그리고 이어서 그가 자기 이름을 부르는 것을 듣게 되었다. "마리아야." 순식간에 그의 음성을 알아챈 그녀는 돌아서면서 이렇게 외쳤다. "랍오니"(요 20:16). 그것은 바로 '선생님'을 뜻하는 말이었다.

이것은 기독교 신앙의 탄생이었다. 그리고 '예수 부활하셨다!' 라는 문구는 기독교 최초의 신조가 되었다.

이와 같이 그리스도의 부활은 기독교의 핵심적인 단언이다. 기독교 전체가 그 단언의 진실성과 생사를 같이한다.

만일 부활이 없다면 기독교도 존재하지 않는다. 부활이 없다면 신화에나 나오는 종교적인 옷차림을 하고 인본주의적인 봉사를 감당하는 또 하나의 사회 기관으로서의 역할 외에 더 이상 교회가 존속될 이유가 없다.

그럼에도 불구하고 부활 없는 기독교를 세우고자 하는 다양한 시도들이 있어왔다. 19세기에는 소위 자유주의적인 그리스도인들이 기독교로부터 '비본질적인' 기적의 껍데기를 제거하고, 그것을 윤리적인 낱알로 축소시킴으로써 기독교 신앙을 현대화하려고 시도했다. 그들은 내세라는 그림의 떡에 사로잡히지 않은 채 이생을 강화시켜 주는 종교를 제공하기 위해 초자연적인 요소들을 거부하였다. 그들에게 예수님은 영웅적인 죽음으로 종말을 맞은, 이타적인 자기희생을 보여준 형제 사랑의 최고 모델일 뿐이다. 사망과 무덤의 권세를 이기신 구주 예수님이 단순히 윤리 교사인 인간 예수가 된 것이다.

그런 예수에게는 교회가 필요하지 않다. 예배는 공허한 일이며, 최악의 경우 불경스러운 행위가 될 수도 있다. 그 대상이 죽은 윤리 선생이라면 말이다. 우리에게 소크라테스를 위한 교회가 없고, 키케로를 찬양하는 찬송가가 없으며, 사람들이 아리스토텔레스에게 기도를 드리지 않는 것과 같다.

바울의 아홉 가지 논증

부활 없는 기독교를 만들려는 시도들은 교회사 초기부터 시작되었다. 사도 바울은 골치 아픈 고린도교회의 문제에 직면해야 했다. 그가 사도로서 보여준 반응은 시대에 관계없이 주목할 만한 가치가 있다. 바울이 고린도 교인들을 경책한 내용은 그때와 다름없이 지금도 문제가 되고 있다. 그것이 고립된 상황으로 제한된 지역적인 문제가 아니라 오늘날의 교회에 대유행하고 있다는 사실을 고려할 때, 그 중요성은 더 커질 것이다. 사도 바울은 고린도 교인들에게 다음과 같이 지극히 중요한 질문을 던졌다.

"그리스도께서 죽은 자 가운데서 다시 살아나셨다 전파되었거늘 너희 중에서 어떤 사람들은 어찌하여 죽은 자 가운데서 부활이 없다 하느냐"(고전 15:12).

여기서 우리는 사후의 삶을 부정했던 초기 기독교 공동체의 구성원들을 발견하게 된다. 그들은 무조건적이고도 절대적으로 사후의 삶을 부정했다. 즉 죽은 자 가운데 부활이 없다고 주장했다. 어느 누구도, 그리스도조차 무덤을 이기고 살아남을 수 없다는 것이다.

바울은 부활 없는 기독교 신앙의 철저한 모순과 불합리성을 입증하기 위하여 반대자들의 입장에 섬으로써 그러한 견해에 반응했다.

이제부터 사도의 논증을 면밀하게 따라가보자. 그는 부활이 없다는 주장이 담고 있는 논리적인 함의(含意)들을 설파하고 있다. 또 불가항력적인 논리에 따르는 부정적인 함의들을 계속 지적해 나가는 점진적인 방법을 택하고 있다.

논증 1

"만일 죽은 자의 부활이 없으면 그리스도도 다시 살아나지 못하셨으리라"(고전 15:13).

이러한 논리를 누가 반박할 수 있겠는가? 만일 우리가 보편적인 부정적 명제(죽은 자의 부활이 없다)를 소유하고 있다면, 거기에는 예외가 허락되지 않는다. 직접적인 추론의 법칙은 '일부'와 짝을 이루는 '전무'(全無)를 허용하지 않는다.

여기서 우리는 결론을 논박할 수 없는 조건적인 명제를 발견하게 된다. 만일 A가 참이라면, B도 참이어야 한다. 죽은 자의 부활이 없다면 그리스도도 다시 살지 못하신 것이다.

논증 2

"그리스도께서 만일 다시 살아나지 못하셨으면 우리가 전파하는 것도 헛것이요 또 너희 믿음도 헛것이며"(고전 15:14).

여기서 바울은 한편으로는 그리스도의 부활을 부인하고 다른 한편으로는 계속해서 사람들에게 기독교를 전파하면서 '믿음'을 요청하는 온갖 형태의 자유주의적인 기독교를 반박하고 있다. 바울의 견해에 의하면 이것은 자가당착에 이르는 어리석은 시도일 뿐이다. 그는 이것을 무익하고 불합리한 행동으로 보고 있다. 즉 부활이 없다면 기독교의 전파는 무익하다.

바울은 여기서 그릇된 양도논법의 오류를 범하지 않고 있다. 그리고 그 문제를 순수한 양자택일의 경우로 보고 있다. 즉 그리스도께서 다시 살아나셨거나 전파하고 믿는 것이 헛것이거나, 둘 중 하나인 것이다.

논증 3

"또 우리가 하나님의 거짓 증인으로 발견되리니 우리가 하나님이 그리스도를 다시 살리셨다고 증언하였음이라 만일 죽은 자가 다시 살아나는 일이 없으면 하나님이 그리스도를 다시 살리지 아니하셨으리라"(고전 15:15).

만일 사도 바울이 분명한 사실을 장황하게 설명함으로써 독자들을 모욕하는 위험을 감수한 적이 있다면, 이 부분이 바로 그런 경우다. 바울이 이 구절의 마지막 부분("만일 죽은 자가 다시 살아나는 일이 없으면 하나님이 그리스도를 다시 살리지 아니하셨으리라")을 덧붙인 것은 가장 분명한 결론을 상세하게 설명하기 위함이다.

여기서 나는 사도의 펜에서 뚝뚝 떨어지는 풍자를 감지한다. 만일 죽은 자가 다시 살아나는 일이 없다면 하나님께서 그리스도를 다시 살리지 않으셨다는 것보다 더 분명한 사실은 없다.

그러나 여기에는 그보다 더 불길한 분위기가 자리하고 있다. 바울은 유대인 신학자로서 글을 쓰고 있다. 따라서 그는 거짓 증인이 된다는 것이 얼마나 심각한 일인지를 예리하게 인식하고 있었다. 사람들에게 거짓 증언을 하는 것은 십계명에 명시되어 있는 중죄였다. 하나님에 대해 거짓 증언을 하는 것은 당연히 더 심각한 죄다.

그러므로 바울의 추론은 다음과 같다. 만일 그리스도께서 다시 살아나지 않으셨다면 바울과 그 밖의 사도들은 반드시 거짓 선지자로 심판받아야 한다. 오늘날로 말하면 '여호와의 증인'이나 '몰몬교인' 같은 사람들인 것이다.

부활을 선포하는 사도들을 부인하는 동시에 윤리 교사로서의 그들의 미덕을 극구 찬양하는 것은 거짓 선지자들의 어리석음을 찬양하는 것이다. 사도 바울은 이것을 가망 없는 모순으로 보고 있다. 그는 부활에 대한 자신의 증거가 거짓이라면 자신에게 신뢰할 만한 교사의 자격이 없다고 보고 있다.

여기서 바울은 자신과 다른 사도들의 명성과 정직성을 걸고 말한다. 마치 이렇게 말하는 것 같다. "이 문제에 관해 나를 받아들이거나 떠나라."

논증 4

"그리스도께서 다시 살아나신 일이 없으면 너희의 믿음도 헛되고 너희가 여전히 죄 가운데 있을 것이요"(고전 15:17).

다시 한 번 사도 바울은 무익함의 문제를 강조하고 있다. 부활이 없다면 기독교 신앙은 헛되며 무익하다. 그것은 시간과 에너지와 헌신의 낭비이고, 그와 같이 그릇된 소망을 믿는 것은 결국 좌절을 안겨주는 일에 마음을 두는 것이다. 부활이 없으면 우리는 아무런 소망 없이 버려지게 된다. 우리가 우리의 순례 여행을 통해 보여주는 것은 죄의 문제가 해결되지 않았다는 사실뿐인 것이다.

바울은 하나님께서 그리스도의 희생을 우리 죄를 위한 대속으로 받아들이셨음을 보여주는 분명한 증거가 부활이라고 이야기한다. 만일 그분이 다시 살지 않으셨다면 우리는 여전히 우리의 죄 가운데 있게 된다. 우리에게는 구주가 없고, 우리의 믿음과 그리스도의 죽음은 모두 헛된 것이 된다. 마치 빚을 갚을 수 없는 채무자들로 남게 되는 것과 같다.

논증 5

"또한 그리스도 안에서 잠자는 자도 망하였으리니"(고전 15:18).

부활이 없다는 사실에 따르는 부정적인 함의들 중 아마도 이것이 가장 냉혹한 말일 것이다. 바울은 모든 소망이 종국을 맞게 하는 잔인한 결론을 두려워하지 않고 있다.

단테는 지옥문에 붙어 있는 표지 내용을 이렇게 묘사했다. '모든 소망을 포기한 사람들이 들어오는 곳.' 바울은 바로 지금 여기에 그 표지를 붙이고 있다. 지옥문이 아니라 장례식이 있는 모든 집의 문에 게시하고 있는 것이다.

사랑하는 사람을 죽음에 넘겨준 사람들은 뼈에 사무치는 소망을 알고 있다. 그것은 사랑하는 사람을 언제 어딘가에서 다시 만나게 되리라는 소망이다. 그 소망은 죽음이 우리를 사랑하는 사람들로부터 갈라놓을 때 우리가 꼭 붙드는 위안이다.

최근에 나는 내 딸 내외와 함께 산부인과 병동의 분만실에 앉아 있었다. 내 딸은 힘겹게 출산을 했다. 하지만 사산아였다. 이런 경우 병원에서는 잠시 동안이나마 부모가 죽은 아이를 안아보게 한다. 그리고 아기의 사진을 찍고 잉크로 족문을 찍어 기록으로 남긴다. 아이의 이름도 붙여서 몸무게와 신장을 기록한다. 한 타래의 머리카락을 기록 문서에 부착시킨다. 아이의 시신을 매장하기 위해 옮길 준비가 갖춰지면 그 자료를 담은 증명서가 부모에게 전달된다. 그 문서는 '추도 증명서'(a certificate of remembrance)라고 불린다.

딸은 사진과 추도 증명서를 가지고 집에 돌아왔다. 언젠가 딸의 살아있는 모습을 다시 보게 되리라는 소망을 가지고 말이다.

바울은 만일 그리스도가 다시 살아나지 않으셨다면, 죽은 사람들은 영원히 망했을 것이라고 추론하고 있다. 에드거 앨런 포의 시 '갈까마귀'(The Raven)의 음산한 후렴구 '두 번 다시 없을 것이다'를 암송하는 것이 모든 사람의 운명인 것이다.

논증 6

바울은 죽은 자들에게 세례를 주는 고린도교회 사람들의 철저하게 모순된 언행을 계속해서 보여주고 있다.

"만일 죽은 자들이 도무지 다시 살아나지 못하면 죽은 자들을 위하여 세례를 받는 자들이 무엇을 하겠느냐 어찌하여 그들을 위하여 세례를 받느냐"(고전 15:29).

이 구절은 신약성경에서 죽은 자들을 위한 세례를 언급하는 유일한 부분이다. 그러한 관습은 온갖 종류의 경악을 일으켜왔다. 여기서 바울은 그러한 관습을 명하지도 정죄하지도 않고 있다. 그는 다만 그런 관습이 그리스도인들 사이에서 실행되고 있다는 사실을 인정하고, 부활이 없으면 그것이 불합리한 일이라는 것을 보여주고 있을 뿐이다.

만일 부활이 없으면 죽은 자들에게 세례를 주는 것은 시간과 물을 낭비하는 일이 될 것이다.

논증 7

"또 어찌하여 우리가 언제나 위험을 무릅쓰리요 형제들아 내가 그리스도 예수 우리 주 안에서 가진 바 너희에 대한 나의 자랑을 두고 단언하노니 나는 날마다 죽노라 내가 사람의 방법으로 에베소에서 맹수와 더불어 싸웠다면 내게 무슨 유익이 있으리요"(고전 15:30 –32).

여기서 우리는 매력적인 적용을 발견하게 된다. 사도 바울은 자신의 사역을 부활이 시험을 거쳐 '사리에 닿는' 것임이 판명되었다는 자기 확신의 증거로 제시하고 있다.

그는 유대인으로서는 사용하기 힘든 예외적으로 강한 표현을 사용했다. 그리스도 안에서 자신의 사역을 두고 맹세함으로써 자신의 입장을 단언한 것이다.

그러한 맹세는 경건한 유대인들이 건성으로 행하는 일이 아니다. 그는 부활이 없다면 자신의 사역이 헛된 것이라고 증거하고 있다. 바울 사역의 특징이 된 대단히 힘든 고통과 수고를 요약해 놓은 내용을 보고 싶은 독자가 있다면 잠시 시간을 내서 고린도후서 11장을 읽어 볼 것을 권한다. 여기서 그는 자신이 사역 중에 당한 고난을 간략하게 기록하고 있다.

부활에 대한 대중적인 논증은 다음과 같이 전개된다. 그리스도께서 죽은 자 가운데서 다시 살아나셨다는 것을 믿는 것과 사도들이 속임수에 넘어가 기꺼이 죽었다고 믿는 것 중에서 어떤 것이 더 어려운 일인가?

나는 그러한 논증들 중에서 정말 만족스러운 것을 한 번도 보지 못하였다.

우리는 너무나 크게 미혹된 나머지 사실이 아닌 것, 혹은 사실이 아닌 줄 알면서도 기꺼이 죽는 광신자들보다 죽은 자들 가운데서의 부활을 위해 죽은 사람이 더 드물다는 사실을 인정해야 한다.

사역에 대한 바울의 유별난 헌신과 그리스도를 위해 기꺼이 죽으려는 그의 자세도 그의 믿음이 타당한 것이라는 사실을 입증하지는 못한다.

하지만 그것은 그의 행동이 부활하신 그리스도의 증인들에게서 기대할 수 있는 행동과 정확히 일치한다는 사실을 보여준다. 바울에게 해당되는 것은 다른 사도들에게도 해당된다. 그들은 그리스도의 부활을 완전히 확신한 채 살고 죽었다.

논증 8

"죽은 자가 다시 살아나지 못한다면 내일 죽을 터이니 먹고 마시자 하리라"(고전 15:32).

여기서 바울은 종교적인 감상과 이타주의의 모든 함정을 일소하고 있다. 그는 고대 에피쿠로스(Epicurus)학파의 신조를 반영하고 있다. 만일 사후의 삶이 존재하지 않는다면 현재를 사는 유일하고도 현명한 생활방식은 시끌벅적한 쾌락주의뿐일 것이다. 즉 마지막 고통이 우리를 삼키기 전에 우리는 가능한 모든 쾌락을 손에 넣어야 할 것이다. 바울은 여기서 다음과 같은 현대의 회의론을 내다보고 있다. "인생은 한 번뿐이니 쾌락을 추구하라. 가장 많은 장난감을 가지고 죽는 사람이 승자다."

논증 9

다음은 앞선 바울의 논증에 나오는 말이지만 마지막을 위해 남겨 두었다.

"만일 그리스도 안에서 우리가 바라는 것이 다만 이 세상의 삶뿐이면 모든 사람 가운데 우리가 더욱 불쌍한 자이리라"(고전 15:19).

부활 없는 기독교를 세우려는 모든 시도에 이보다 더 큰 목소리로 항의할 수는 없을 것이다. 기독교의 소망의 가치가 이 세상으로 제한된다면 그리스도인들은 세상에서 가장 불쌍한 사람들이 될 것이다. 그들이 불쌍한 것은 다음과 같은 이유 때문이다. 그들은 그릇된 소망에 기초하여 살고 있다. 그 소망은 통제력이 있으며, 연기된 보상의 윤리, 미래의 보상을 위한 현재의 희생의 윤리다.

바울은 만일 우리가 그리스도인들에게 적대적이라면 우리의 적의를 동정심으로 바꾸는 것이 더 사려 깊은 일이 될 거라 말하고 있다. 그들에게는 동정이 필요하다. 부활이 없다면 그들이 모든 사람 가운데 가장 불쌍한 사람들이 되기 때문이다.

증거의 기초

부활에 대한 바울의 논증에서 가장 중요한 차원은 다음과 같다. 부활은 마음이 내키지 않는 선택들의 사변적인 기초에 달려 있지 않다. 바울은 부활 없는 삶이 불쌍한 것이기 때문에 우리가 깊은 숨을 몰아쉬고 눈을 감고 부활에 대한 믿음을 상기해야 한다고 결론 내리지 않는다. 또 부활이 없다면 모든 나쁜 결론들을 직시해야 하기 때문에 마치 부활이 있는 것처럼 살아야 한다고도 말하지 않는다.

그의 아홉 가지 논증은 단지 확증적인 것일 뿐이다. 그것은 일관성과 모순에 대한 연구다. 그리스도의 부활에 대한 그의 확신의 기초가 아니다.

부활에 대한 바울의 증거는 사변적인 철학을 초월하며, 플라톤이나 칸트가 제공할 수 없었던 증거를 제공하고 있다. 즉 그는 예수님이 부활하신 역사적인 실재를 직접 목격한 자로서 증언하고 있다.

"내가 받은 것을 먼저 너희에게 전하였노니 이는 성경대로 그리스도께서 우리 죄를 위하여 죽으시고 장사 지낸 바 되셨다가 성경대로 사흘 만에 다시 살아나사 게바에게 보이시고 후에 열두 제자에게와 그 후에 오백여 형제에게 일시에 보이셨나니 그중에 지금까지 대다수는 살아 있고 어떤 사람은 잠들었으며 그 후에 야고보에게 보이셨으며 그 후에 모든 사도에게와 맨 나중에 만삭되지 못하여 난 자 같은 내게도 보이셨느니라"(고전 15:3-8).

이것은 나사렛 예수에 관한 역사의 기록이다. 그분의 삶과 죽음, 장사 지냄과 부활은 모두 성경에 예언되었던 사건들이다. 그분의 부활에 대한 증거는 빈 무덤의 출현으로부터 끌어낸 추론이나 결론에 기초하지 않는다. 사라진 시체만으로는 충분치 않다. 그것은 한두 사람이 아니라 수많은 사람에게 나타나신, 살아계신 예수님의 출현에 기초한 것이었다.

바울은 무덤에서 다시 살아나신 예수님을 본 사람들의 이름을 열거하고 있다. 그들 중에는 그분이 죽으신 모습을 목격한 사람들도 포함되어 있다. 십자가와 창이 그분의 옆구리를 관통하는 모습을 본 사람들도, 매장되기 전의 시신을 본 사람들도 포함되어 있다. 한 번에 5백 명이 넘는 사람에게 예수님이 나타나신 사건도 포함되어 있다.

바울은 그 사실을 고린도 교인들에게 주지시킬 때, 그때까지 그들 대부분이 살아있다고 선언하였다. 마치 이렇게 말하는 것 같았다. "검토해보라. 지금이라도 증인들이 심문을 받을 수 있다."

우리에게는 그때의 5백 명을 심문할 수 있는 기회가 없다. 그러나 우리는 사도적인 증인들의 기록을 소유하고 있다. 요한이나 마태의 기록을 읽을 수 있는 것이다.

마지막으로 바울은 자기가 직접 부활하신 그리스도를 만났다고 선언하고 있다. 그의 말은 감동적이다. 간접적인 보고에 만족하지 못한 바울은 이렇게 선언했다. "내게도 보이셨느니라." "나는 보았다." 그것은 플라톤과 칸트가 결코 할 수 없었던 말이다.

바울이 사망을 이기신 그리스도의 승리에 대한 확신을 증거한 것은 이상한 일이 아니다.

다음과 같은 최종적인 결론은 그의 감동적인 증거로부터 필연적으로 따를 수밖에 없었다.

"그러므로 내 사랑하는 형제들아 견실하며 흔들리지 말고 항상 주의 일에 더욱 힘쓰는 자들이 되라 이는 너희 수고가 주 안에서 헛되지 않은 줄 앎이라"(고전 15:58).

"그러므로"는 장엄한 결론을 암시한다. 바울이 견고하라고 엄숙하게 권면하는 데에는 이유, 즉 견고한 근거가 있다. "견실하며……." 바울은 부활의 확실성에 기초하여 견실하라고 요구하고 있다. 흔들리는 모습은 부활하신 그리스도를 아는 사람들의 특징이 아니다. 부활은 영혼을 움직일 수 없는 것으로 만들어주는 닻을 제공한다.

항상 주의 일에 더욱 힘쓰는 자들이 돼라. 부활은 풍성한 사역을 북돋운다. 그것은 그리스도 안에서의 수고가 헛되지 않다는 확실한 사실에 기초하는 수고다. 우리의 수고와 고통과 고난은—우리의 죽음조차도—헛되지 않다.

8. 그리스도인의 죽음

블레즈 파스칼은 인간이 불행한 주요인이 다음과 같은 사실에서 발견된다고 했다. 인간은 언제나 자기가 달성할 수 있는 것보다 더 나은 삶을 생각할 수 있다. 우리 모두에게는 꿈을 꿀 수 있는 능력이 있다. 우리의 상상력이 상상의 나래를 타고 날아오르게 할 수 있는 것이다. 그러나 우리의 상상력을 극한으로 몰아갈 때, 우리는 미지의 세계의 방벽에 부딪히게 된다. 천국이 어떤 곳인지 누가 상상할 수 있는가? 그것은 우리 인식의 범위를 넘어서며, 우리의 가장 야심적인 꿈을 초월한다.

어느 현자(賢者)는 만일 우리가 가장 만족스러운 체험을 상상하고 영원히 그것을 행하는 것을 상상할 수 있다면 천국보다는 지옥에 가까운 것이 될 거라고 말했다. 쉽게 말해 우리는 절대로 행복한 상황을 헤아릴 수 없다. 그것을 구체적으로 언급할 수도 없다.

그것이 바로 햄릿으로 하여금 사후의 삶에 대해 다음과 같이 선언할 수밖에 없게 만든 신비스러운 미지의 영역이다.

일단 그 경계선을 넘어가면 영영 못 돌아오는 미지의 나라.
죽음 다음에 있을 그 뭔가에 대한 두려움이 결심을 흩트리고,
알지 못하는 나라로 날아가느니 차라리 현재의 환난을 참게 마련이지.

그렇지 않다면 그 누가 힘든 삶에 끙끙대며 무거운 짐을 지고 진땀을 빼겠는가?

분별력은 우리 모두를 겁쟁이로 만든다.

『햄릿』(Hamlet), 3장 1막

우리로 하여금 알지 못하는 다른 나라로 날아가기보다는 현재의 사악한 땅에 눌러 있게 만드는 것이 사후의 삶의 알려지지 않은 특질이다. 아마도 햄릿은 파스칼이 관찰한 사실의 뒷면을 감지했을 것이다. 우리에게는 우리가 현재 누리고 있는 것보다 더 나은 삶을 생각할 수 있는 능력이 있다. 또 현재 겪고 있는 것보다 더 못한 삶을 상상할 수 있는 능력도 있다.

그러나 사후의 삶에 대한 우리의 상상은 제한되어 있다. 이 세상을 넘어 이동하는 것은 또 다른 차원으로 들어가는 것이다. 그러한 차원은 연속성과 불연속성을 포함한다. 연속성이 존재하는 한 우리는 이 세상에서 끌어낸 유추들을 통해 생각할 수 있다. 반면 불연속성의 요소들은 여전히 불가해한 것으로 남아 있다. 우리가 참조할 수 있는 기준을 넘어선 것은 파악할 수 없는 것이다.

성경은 우리 미래의 상태에 관해 약간 간접적으로 표현하지만 전적으로 침묵하지는 않는다. 즉 천국이 어떤 곳인가에 대한 암시와 중요한 단서들을 우리에게 제공해주고 있다. 우리는 우리 앞에 놓여 있는 미래의 영광을 조금이나마 미리 맛볼 수 있다. 어두운 유리창 너머로 얼핏 보는 것처럼 부분적인 계시가 주어져 있다.

천국에 관해 가장 명료하게 계시되어 있는 몇 가지 사실이 있다. 요한계시록에 묘사되어 있는 가장 생생한 이미지들로 주의를 돌리기 전에, 복음서와 서신서에 제시되어 있는 천국에 관한 변증법적인 단언들 중 몇 가지를 검토해보자.

지상의 삶보다 좋다

우리가 천국에 관해 배우게 되는 첫 번째 교훈은 그곳에서의 삶이 지상에서의 삶보다 낫다는 것이다. 사도 바울은 이렇게 선언한다.

"이것이 너희의 간구와 예수 그리스도의 성령의 도우심으로 나를 구원에 이르게 할 줄 아는 고로 나의 간절한 기대와 소망을 따라 아무 일에든지 부끄러워하지 아니하고 지금도 전과 같이 온전히 담대하여 살든지 죽든지 내 몸에서 그리스도가 존귀하게 되게 하려 하나니 이는 내게 사는 것이 그리스도니 죽는 것도 유익함이라 그러나 만일 육신으로 사는 이것이 내 일의 열매일진대 무엇을 택해야 할는지 나는 알지 못하노라 내가 그 둘 사이에 끼었으니 차라리 세상을 떠나서 그리스도와 함께 있는 것이 훨씬 더 좋은 일이라 그렇게 하고 싶으나 내가 육신으로 있는 것이 너희를 위하여 더 유익하리라"(빌 1:19-24).

바울은 죽음을 유익으로 언급하고 있다. 우리는 죽음을 상실로 생각하는 경향이 있다. 물론 사랑하는 사람을 잃는 것은 뒤에 남은 사람들에게 상실을 의미한다. 그러나 이 세상을 떠나 하늘로 가는 사람에게는 그것이 유익이다.

바울은 이 땅에서의 삶을 경시하지 않는다. 그는 남아 있기를 택하는 것과 떠나기를 바라는 것 사이에 '끼었다'고 말하고 있다. 그가 지적하고 있는 이 땅과 천국의 차이점은 나쁜 것과 좋은 것이 아니다. 좋은 것과 더 좋은 것이다. 다시 말해 그리스도 안에서 살아가는 이 땅에서의 삶은 좋은 것이다. 그러나 천국에서의 삶은 더 좋다. 여기서 그는 한 단계 더 나아가 이 땅을 떠나 그리스도와 함께 있는 것이 더욱 좋다고 선언하고 있다(23절). 천국으로의 이동은 약간 더 개선되는 것을 의미하지 않는다. 그 유익은 엄청나며 이 땅에서의 삶보다 훨씬 좋다. 이것은 바울이 고린도 교인들에게 제시하고 있는 비교를 반영한다.

"우리가 잠시 받는 환난의 경한 것이 지극히 크고 영원한 영광의 중한 것을 우리에게 이루게 함이니 우리가 주목하는 것은 보이는 것이 아니요 보이지 않는 것이니 보이는 것은 잠깐이요 보이지 않는 것은 영원함이라 만일 땅에 있는 우리의 장막 집이 무너지면 하나님께서 지으신 집 곧 손으로 지은 것이 아니요 하늘에 있는 영원한 집이 우리에게 있는 줄 아느니라 참으로 우리가 여기 있어 탄식하며 하늘로부터 오는 우리 처소로 덧입기를 간절히 사모하노라 이렇게 입음은 우리가 벗은 자들로 발견되지 않으려 함이라 참으로 이 장막에 있는 우리가 짐 진 것같이 탄식하는 것은 벗고자 함이 아니요 오히려 덧입고

자 함이니 죽을 것이 생명에 삼킨 바 되게 하려 함이라 곧 이것을 우리에게 이루게 하시고 보증으로 성령을 우리에게 주신 이는 하나님이시니라"(고후 4:17-5:5).

바울이 여기서 전개하고 있는 대조는 일시적인 것과 영구적인 것, 순간적인 것과 영원한 것 사이의 대조다.

몸의 부활

바울은 우리 몸의 부활을 포함하는 미래의 행복에 대한 궁극적인 소망을 바라보고 있다. 사도신경은 다음과 같이 단언한다. "몸이 다시 사는 것을 믿사옵나이다." 이러한 믿음의 조항은 그리스도의 부활이 아니라 우리 자신의 부활에 초점을 맞추고 있다. 그리스도의 부활은 우리 부활의 전조(前兆)다. 즉 그분은 부활에 참여할 모든 사람의 첫 열매이시다(고전 15:20-23). 바울은 우리 몸의 부활이라는 주제를 고린도전서 15장의 결론으로 상세히 설명하고 있다.

"누가 묻기를 죽은 자들이 어떻게 다시 살아나며 어떠한 몸으로 오느냐 하리니 어리석은 자여 네가 뿌리는 씨가 죽지 않으면 살아나지 못하겠고 또 네가 뿌리는 것은 장래의 형체를 뿌리는 것이 아니요 다만 밀이나 다른 것의 알맹이뿐이로되 하나님이 그 뜻대로 그에게 형체를 주시되 각 종자에게 그 형체를 주시느니라"(고전 15:35-38).

바울은 농사에서 끌어낸 유추를 제시하고 있다. 우리가 이 땅에서의 삶과 부활의 삶 사이에서 체험하게 될 변화를 씨가 발아(發芽)하는 것에 비유하고 있다. 씨가 발아하려면 먼저 땅에 심겨야 하고 그 속에서 죽어야 한다. 다시 말해 꽃을 피울 수 있으려면 먼저 썩어야 한다. 씨로 심겨졌던 것이 훗날 훨씬 더 영광스러운 모습으로 땅을 뚫고 모습을 나타내게 되는 것이다. 사도 바울은 계속해서 이 세상의 다양한 몸과 형태들을 언급함으로써 유추를 계속하고 있다.

> "육체는 다 같은 육체가 아니니 하나는 사람의 육체요 하나는 짐승의 육체요 하나는 새의 육체요 하나는 물고기의 육체라 하늘에 속한 형체도 있고 땅에 속한 형체도 있으나 하늘에 속한 것의 영광이 따로 있고 땅에 속한 것의 영광이 따로 있으니 해의 영광이 다르고 달의 영광이 다르며 별의 영광도 다른데 별과 별의 영광이 다르도다"(고전 15:39-41).

바울은 창조 영역 안에서 발견되는 영광의 수준들을 점강적으로 열거하고 있다. 그리고 보이지 않게 남아 있는 그 영광을 암시하고 있다. 그의 추론은 다음과 같다. 총체적인 실재에 대한 우리의 제한된 견해 안에서 우리는 실제로 존재하는 것의 작은 일부만을 파악하게 된다. 우리의 시야는 매우 근시안적이다. 영적인 근시다. 우리의 제한된 시야로 삶의 모든 차원을 완전하게 파악할 수 있다고 생각하는 것은 교만이다. 잠시 동안 우리가 살고 있는 우주가 얼마나 광대한지 고려한다면, 우리는 우리가 체험하는 한계가 지극히 좁다는 사실을 깨닫게 된다. 자연 질서에 대한 우리의 체험은 광대한 대양의 작은 물방울보다도 작다. 설령 우리가 자연의 질서를 완전히 파악한다 치더라도 그것이 우리에게 초자연적인 영역에 대한 통찰을 제공해주지는 못할 것이다. 그로 인한 교훈은 다음과 같다. 우리가 파악하고 있는 총체적인 실재 중 사소한 부분에는 우리가 이미 체험하고 있는 다양한 삶보다 훨씬 더 많은 것이 존재한다는 사실을 알려주기에 충분하다. 이제 바울은 대조의 방법으로 나아가고 있다.

"죽은 자의 부활도 그와 같으니 썩을 것으로 심고 썩지 아니할 것으로 다시 살아나며 욕된 것으로 심고 영광스러운 것으로 다시 살아나며 약한 것으로 심고 강한 것으로 다시 살아나며 육의 몸으로 심고 신령한 몸으로 다시 살아나나니 육의 몸이 있은즉 또 영의 몸도 있느니라"(고전 15:42-44).

지상의 몸과 부활한 몸 사이의 대조는 뚜렷하다. 그것은 다음과 같은 요소들을 포함하고 있다.

육의 몸	부활한 몸
썩음	썩지 않음
욕됨	영광스러움
약함	강함
육적	영적

썩음과 욕됨과 약함은 모두 우리에게 친숙하다. 그러한 것들은 우리가 날마다 체험하는 정상적인 부분이며, 우리 육적인 몸의 특성들이다. 이러한 특성은 그것과 반대 되는 특성을 가진 부활에 자리를 내주게 된다. 즉 썩지 않음과 영광스러움과 강함이 영적인 몸의 특성이다.

영적인 몸

영적인 몸이라는 말은 조금 어색하다. 우리는 영과 육을 서로 배타적인 상극으로 생각하는 경향이 있다. 그러나 바울은 자기 요점을 분명히 하기 위해 모순되는 사실에 의지하지 않았다. 그는 그 자연적인 제한들로부터 변화된, 영화(靈化)한 몸을 언급하고 있다. 그것은 곧 새로운 차원으로 다시 살아난, 영광스럽게 된 몸이다.

우리가 이러한 영적인 형태의 몸에 대해 갖고 있는 유일하고 진정한 단서는 예수 그리스도의 부활하신 몸에 대한 개략적인 견해뿐이다. 우리는 예수님이 부활하신 후의 몸이 장사 지낼 때의 몸과 달랐다는 사실을 알고 있다. 그 몸은 연속성과 불연속성을 동시에 보여주었다. 우리는 그분을 알아보는 데 어려움을 겪은 사람들의 이야기들을 안다. 그와 동시에 사람들이 그분을 알아보았다는 기록도 읽는다. 예수님은 제자들과 함께 조반을 드셨다. 못 박히신 자국을 도마에게 보여주셨다. 그러면서 이렇게 말씀하셨다.

"네 손가락을 이리 내밀어 내 손을 보고 네 손을 내밀어 내 옆구리에 넣어보라 그리하여 믿음 없는 자가 되지 말고 믿는 자가 되라"(요 20:27).

도마가 교훈을 받은 대로 했는지는 복음서에 기록되어 있지 않다. 그러나 아마도 그렇게 했을 것이다. 요한도 예수님의 부활하신 몸에 대한 생각에 기름을 부은, 그분에 대한 수수께끼 같은 진술을 기록하고 있다.

"여드레를 지나서 제자들이 다시 집 안에 있을 때에 도마도 함께 있고 문들이 닫혔는데 예수께서 오사 가운데 서서 이르시되 너희에게 평강이 있을지어다 하시고"(요 20:26).

요한은 왜 "문들이 닫혔는데"라는 구절을 기록했을까? 그 말이 포함된 것은 제자들에 관한 것을 이야기하기 위함일까, 아니면 부활하신 예수님의 몸에 관한 어떤 사실을 언급하기 위함일까? 겉으로 보기에 그것은 중요하지 않은 이야기처럼 보인다. 어쩌면 요한은 십자가 사건 후 제자들의 특징이 되었던 두려워하는 상태를 염두에 두고 있었을지 모른다. 그들은 많은 시간을 실내에서 보냈던 것 같다. 19절에서 요한은 이렇게 언급하고 있다. "이날 곧 안식 후 첫날 저녁 때에 제자들이 유대인들을 두려워하여 모인 곳의 문들을 닫았더니 예수께서 오사 가운데 서서 이르시되 너희에게 평강이 있을지어다"

우리는 그 장면을 이렇게 재구성할 수 있다. 두려움에 빠진 제자들은 문을 닫아 놓고 함께 모여 있었다. 그들이 겁에 질려 있는 동안 예수님이 조용히 문을 여시고 그들이 모여 있는 곳에 들어오셔서 그들에게 말씀하셨다. 이 시나리오에서 닫힌 문은 예수님의 부활하신 몸이 그 문을 열고 들어올 수 있었다는 사실 외에는 그 몸에 대해 아무것도 말해주지 않는다.

또 한편으로 어쩌면 요한은 예수님이 문을 열지 않으신 채로 방 한가운데 나타나셨음을 암시하고 있는지도 모른다. 이것은 그분의 부활하신 몸이 걸림 없이 견고한 물체들을 통과할 수 있는 힘을 갖고 있었다는 사실을 의미한다. 물론 본문은 그렇다고 분명히 말하지 않는다. 본문을 근거로 그러한 추론이 가능하지만 결코 본문이 요구하는 바는 아니며, 다만 추측의 문제로 남아 있다. 분명한 사실은 바울이 예수님을 우리가 장차 부활했을 때의 몸의 모범으로 보고 있다는 것이다.

"기록된 바 첫 사람 아담은 생령이 되었다 함과 같이 마지막 아담은 살려주는 영이 되었나니 그러나 먼저는 신령한 사람이 아니요 육의 사람이요 그다음에 신령한 사람이니라 첫 사람은 땅에서 났으니 흙에 속한 자이거니와 둘째 사람은 하늘에서 나셨느니라 무릇 흙에 속한 자들은 저 흙에 속한 자와 같고 무릇 하늘에 속한 자들은 저 하늘에 속한 이와 같으니 우리가 흙에 속한 자의 형상을 입은 것같이 또한 하늘에 속한 이의 형상을 입으리라"(고전 15:45-49).

우리 모든 인간은 아담의 땅이 갖고 있는 본성에 참여하게 된다. 다시 말해 우리는 흙의 자녀들이다. 우리 몸은 땅에 속한 모든 연약함으로 고통받고 있다. 그러나 우리의 새로운 본성에는 하늘의 장막이 포함될 것이다. 하늘의 몸에는 암이나 심장병이 생길 여지가 없다. 타락의 저주도 제거될 것이다. 우리는 새 아담, 즉 하늘에 속한 사람의 형상과 모양을 입게 될 것이다. 그럼에도 여전히 인간이며 그로 인한 연속성이 존재할 것이다. 우리의 개인적인 정체성도 그대로 유지될 것이다. 우리의 모습 그대로 식별될 것이다. 그러나 흙의 굴레가 하늘의 형상에 의해 풀릴 것이다.

연속성과 불연속성

천국을 생각할 때 직면하게 되는 한 가지 성가신 문제는 인지(認知)의 문제다. 우리는 사람들을 그들의 육체적인 특성으로 알아본다. 거기에는 나이와 몸무게 등도 포함된다. 그렇다면 어려서 죽은 사람은 천국에서도 영원히 아기처럼 보일까? 나이 든 사람은 주름진 얼굴로 남아 있을까? 나는 살이 쪄 있을까, 말라 있을까? 키가 클까, 아니면 작을까?

그러한 질문들(외면할 수 없는 질문들)을 제기하는 것은 불연속성의 요소를 이해하는 데 따르는 장애물과 정면으로 충돌한다. 그러나 나는 우리가 흙의 영역을 초월하여 영광스러운 상태에 들어가게 되면 이러한 질문들이 타당성을 잃어버리게 될 것이라고 생각한다.

바울은 우리가 현재의 개인적인 정체성을 연속적으로 분명하게 유지함에도 불구하고 변화를 겪게 될 것이라고 주장하고 있다.

"형제들아 내가 이것을 말하노니 혈과 육은 하나님 나라를 이어받을 수 없고 또한 썩는 것은 썩지 아니하는 것을 유업으로 받지 못하느니라 보라 내가 너희에게 비밀을 말하노니 우리가 다 잠잘 것이 아니요 마지막 나팔에 순식간에 홀연히 다 변화되리니 나팔 소리가 나매 죽은 자들이 썩지 아니할 것으로 다시 살아나고 우리도 변화되리라 이 썩을 것이 반드시 썩지 아니할 것을 입겠고 이 죽을 것이 죽지 아니함을 입으리로다 이 썩을 것이 썩지 아니함을 입고 이 죽을 것이 죽지 아니함을 입을 때에는 사망을 삼키고 이기리라고 기록된 말씀이 이루어지리라"(고전 15:50-54).

"썩는 것"은 죽음을 언급한다. 여기서는 썩는 것이 도덕적인 타락을 언급하지 않는다. 그것은 육체적인 퇴보를 말한다. 출생과 쇠퇴의 과정도 포함된다. 즉 육체가 썩는 것으로부터 자유로우려면 모든 형태의 발생과 쇠퇴를 벗어나야 한다. 따라서 나이를 먹는 것, 주름살, 신경통, 질병 등도 썩지 아니할 것에 포함되지 않는다. 죽음뿐 아니라 죽음에 속한 모든 것이 육체의 부활에 의해 정복되는 것이다.

중간 상태

성경은 인간의 삶에 세 가지 상태가 있다고 가르친다. 먼저 우리가 지상에서 누리는 삶이 있다. 그리고 미래의 부활한 몸이 누리는 최종적인 상태가 있다. 마지막으로 죽는 순간과 마지막 부활 사이에 일어나는 상태가 있다.

역사적으로 기독교 신학은 우리 영혼이 영광스러운 몸을 입을 때까지 하늘에서 지속적으로 유지하게 될 개인적인 존재를 언급하는 중간 상태에 대해 이야기하고 있다. 그 중간 상태에서 우리는 육체에서 분리된 영혼으로 계속 존재하고 살게 될 것이다.

정통 기독교는 일부 종교 진영에서 유행해온 '영혼의 수면' 개념을 거부한다. 그 개념은 성경이 죽음을 '잠'이라고 완곡하게 표현하는 사실에 기초하는 것으로, 죽을 때 육체를 떠난 성도들의 영혼이 부활 때까지 무의식적이고 시간의 흐름을 감지하지 못하는, 일종의 활동을 멈춘 상태를 뜻한다. 그 개념은 우리가 이 땅의 삶에서 (꿈을 꾸지 않고) 겪는 잠자는 체험과 영혼의 수면 사이의 유사성에 주목한다. 즉 이 땅에서 잠을 잘 때 우리는 무의식적이고 잠시 시간이 정지된 듯한 느낌을 갖는다.

그러나 신약성경에는 '영혼의 수면'이라는 개념이 전혀 암시되어 있지 않다. 앞에서 살펴본 것처럼 바울은 중간 상태를 이 땅에서의 삶보다 더욱 좋은 것으로 묘사하고 있다. 우리가 곧바로 그리스도께서 계신 곳으로 이동하게 되기 때문이다. 만일 우리가 그리스도의 임재 중에 무의식적인 상태를 유지하게 된다면 그러한 상태가 어떻게 우리가 지금 누리는 것보다 더 좋은 것이 될 수 있을지 상상하기 어렵다. 물론 잠을 잘 때 고통과 마음의 동요가 멈추고 중단되기는 하지만 우리가 이 땅에서 누리는 그리스도와의 의식적인 교제를 무시해서는 안 된다. 우리가 이 세상의 염려들로부터 벗어나 위안을 얻으려고 무의식적인 수면 상태를 갈망할 때가 있기는 하지만, 우리의 정상적인 욕구는 다시 의식적인 삶을 시작할 수 있도록 잠에서 깨는 것이다. 즉 그리스도인의 더 없는 행복을 보여주는 위대한 모델은 립 밴 윙클(Rip Van Winkle, 어빙[W. Irving]이 지은 이야기에 나오는, 20년 동안 잠을 잔 사람-역주)이 아니다.

성경이 중간 상태에 관해 얼핏 보여주는 내용은 그것이 의식이 깨어 있는 상태라는 것이다. 일례로 부자와 거지 나사로의 비유는 (그 내용을 지나치게 강조할 수 없는 비유지만) 두 사람의 의식이 민감하게 깨어 있음을 암시하고 있다. 그 비유에는 부자와 아브라함의 대화가 포함되어 있다. 부자는 자기의 고통을 의식하고 아브라함에게 자비를 구했다. 그러자 아브라함은 이렇게 대답했다.

> "아브라함이 가로되 얘 너는 살았을 때에 좋은 것을 받았고 나사로는 고난을 받았으니 이것을 기억하라 이제 그는 여기서 위로를 받고 너는 괴로움을 받느니라 그뿐 아니라 너희와 우리 사이에 큰 구렁텅이가 놓여 있어 여기서 너희에게 건너가고자 하되 갈 수 없고 거기서 우리에게 건너올 수도 없게 하였느니라"(눅 16:25-26).

그러자 부자는 아직 살아 있는 자기 형제들이 그 고통받는 곳에 관해 경고를 받을 수 있도록 그들에게 메시지가 전달될 기회를 달라고 간청했다(27-28절).

비록 비유이기는 하지만 예수님은 '아브라함의 품'을 의식적으로 행복을 누리는 장소로, 음부를 의식적으로 고통받는 장소로 묘사하신다. 그 장면은 분명 부활 이전에 일어나고 있는 일이다.

또 요한계시록에 기록되어 있는 요한의 환상은 마지막 영광의 상태를 기다리는, 육체를 떠난 성도들의 광경을 포함하고 있다.

"다섯째 인을 떼실 때에 내가 보니 하나님의 말씀과 그들이 가진 증거로 말미암아 죽임을 당한 영혼들이 제단 아래에 있어 큰 소리로 불러 이르되 거룩하고 참되신 대주재여 땅에 거하는 자들을 심판하여 우리 피를 갚아주지 아니하시기를 어느 때까지 하시려 하나이까 하니 각각 그들에게 흰 두루마기를 주시며 이르시되 아직 잠시 동안 쉬되 그들의 동무 종들과 형제들도 자기처럼 죽임을 당하여 그 수가 차기까지 하라 하시더라"(계 6:9-11).

여기서 순교자들의 영혼은 중간 상태에서 안식을 누리고 있다. 이러한 안식은 무의식적인 수면 상태가 아니다. 의식적인 안식, 서로 대화를 나눌 수 있는 안식의 상태다.

신약성경에서 중간 상태의 문제를 담은 또 하나의 중요한 본문은 누가복음 23장 43절이다. 여기서 예수님은 십자가에 달린 도둑에게 이렇게 말씀하신다.

"내가 진실로 네게 이르노니 오늘 네가 나와 함께 낙원에 있으리라"(눅 23:43, 영어성경에는 "오늘" 앞에 쉼표가 들어가 있다 – 역주).

원래 헬라어 본문에는 구두점이 없다. 오늘날 성경에 있는 쉼표들은 번역자에 의해 추가된 것이다. 영혼의 수면에 관한 논쟁의 핵심은 예수님이 사용하신 '오늘'이라는 단어에 있다. 그러므로 번역자는 예수님의 말씀을 이렇게 번역한 것이다. "오늘 네가 나와 함께……있으리라." 즉 도둑에게 주어진 약속은 그가 낙원에서 그리스도와 교제를 나누게 될 것이며, 그 교제가 바로 그날 시작될 것이라는 것이다.

그러나 영혼 수면설의 옹호자들은 다른 구두법을 사용한다. 쉼표를 다른 곳으로 옮겨서 예수님의 말씀을 이런 식으로 번역하는 것이다. "내가 오늘 네게 이르노니, 네가 나와 함께 낙원에 있으리라." 그들은 '오늘'이 낙원에서 예수님과 그 도둑이 함께 있게 될 때를 언급하는 것이 아니라고 이야기한다. 오히려 예수님이 불확정적인 미래에 그와 재결합하게 되리라는 사실을 약속하신 때를 말하고 있다고 이야기한다. 이러한 번역이 문법적으로 가능하다 하더라도 그것은 문맥상으로나 문장 구조적으로 선택될 수 없다. 예수님이 도둑과 대화를 나누고 계실 때가 언제인지를 수고스럽게 언급하시는 것은 분명 쓸데없는 일이다. 두 사람이 대화를 나누고 있는 날이 굳이 '오늘'이라고 말하는 것은 아무 의미가 없는 것이다. 만일 그 두 사람이 과거에도 대화를 나눈 적이 있어서 예수님이 "언젠가 네게 중요한 사실을 말해줄 것인데, 오늘은 적절한 때가 아니구나."라고 말씀하셨다가 이후 그 중요한 사실을 선언하셨다면 "오늘이 바로 예전에 밝히지 않았던 사실을 말해줄 날이다. 오늘 내가 네게 이르노니, 미래의 어느 때에 네가 나와 함께 낙원에 있으리라"고 말하는 것이 타당할 것이다.

더욱이 그 말씀은 당시 예수님의 육체적인 상태를 고려할 때 더 문제가 된다. 그 말씀을 하실 때 예수님은 십자가에 달려 고통을 당하고 계셨기 때문에 한 마디 한 마디 하실 때마다 힘을 다하셔야 했다. 그렇게 죽어가는 중에 굳이 '오늘' 그에게 말씀하고 계신다는 것을 강조하시기 위해 가쁜 호흡을 낭비하셨을 것 같지 않다.

그러므로 그 말씀에 대한 자명한 해석은 고전적인 구두법을 정확한 것으로 받아들이는 것이 될 것이다. '오늘'이라는 말은 예수님이 "내가 네게 이르노니, 오늘 네가 나와 함께 낙원에 있으리라"고 말씀하신 것으로 이해할 때 참된 의미를 갖게 된다. 그리고 그 말씀은 "네가 죽어가고 있는 바로 오늘, 네가 모든 희망을 포기할 수밖에 없는 이날, 네가 지상에서 보내는 마지막 날, 바로 오늘은 네가 지금 이 순간 겪고 있는 것보다 훨씬 더 좋은 상태로 들어가는 날이 될 것이다. 오늘은 네가 낙원에 들어가는 날이다."라는 뜻이 된다.

이와 반대되는 명백한 성경적 증거가 존재하지 않는 한, 이것이 우리가 선택할 수 있는 번역이다. 참으로 신자들이 죽는 즉시 축복된 중간 상태에 들어간다는 견해는 나머지 성경 내용과 일치하고 조화를 이루는 견해다.

9. 천국은 어떤 곳인가

우리가 성경에서 발견할 수 있는 천국에 대한 가장 생생하고도 극적인 묘사는 요한계시록의 마지막 부분에 기록되어 있다.

요한은 성령 안에서 미래에 대한 장엄한 환상을 볼 수 있는 특권을 누렸다. 그 극적인 환상의 정점은 새 하늘과 새 땅에 대한 계시에서 발견된다.

"또 내가 새 하늘과 새 땅을 보니 처음 하늘과 처음 땅이 없어졌고 바다도 다시 있지 않더라"(계 21:1).

여기서 우리는 고난받는 교회의 궁극적인 목표, 구속사에 대한 하나님의 전반적인 계획의 절정을 보게 된다. 피조물의 미래는 새 하늘과 새 땅의 출현을 통해 발견되는 것이다.

그렇다면 처음 하늘과 처음 땅이 없어진다는 말씀은 무슨 의미일까? 이 문제에 대해 해석자들의 의견이 갈라진다. 어떤 사람들은 원래의 창조 질서가 없어지는 것을 타락한 세상에 대한 하나님의 심판으로 간주한다. 쉽게 말해 옛 질서가 하나님의 진노로 파괴되고 멸절된다는 것이다. 그런 다음 옛 질서가 새로운 창조 행위로 대체된다고 이야기한다. 하나님께서 무에서 새 질서를 창출하신다는 것이다.

그 문제에 대한 두 번째 견해이자 내가 선호하는 견해는 새로운 질서가 무에서의 새 창조가 아니라 옛 질서의 혁신을 함축한다는 것이다. 그것의 새로움은 하나님의 구속 사역으로 특징지어진다. 성경은 종종 모든 피조물이 마지막 구속을 기다리고 있다고 말한다. 어떤 것을 완전히 파괴하고 전적으로 새롭게 대체하는 것은 구속 행위가 아니다. '구속'은 사라져버릴지 모를 긴박한 위험에 처한 어떤 것을 구하는 것이다. 혁신은 철저한 것이 될 수도 있다. 그것은 격렬한 정화 과정을 포함할 수 있지만 그 정화 행위는 궁극적으로 대상을 멸절하기보다 구속한다. 그러므로 새 하늘과 새 땅은 정화된다. 새 질서에는 악이 존재할 여지가 없다. 이 사실은 "바다도 다시 있지 않더라"라는 수수께끼 같은 말에 나타나 있다.

혼돈스러운 바다

해변의 아름다움과 그것이 상징하는 모든 것을 사랑하는 사람들에게는 바다가 전혀 없는 새 땅을 생각한다는 것이 이상할 것이다. 그러나 고대의 유대인에게는 그것이 전혀 다른 문제였다. 유대 문학에서 바다는 종종 불길하고 위협적인 것을 의미하는 상징적인 이미지로 사용된다. 요한계시록에서 우리는 적그리스도인 짐승이 바다에서 모습을 드러내는 것을 본다. 또 고대 셈족의 신화에서는 어두운 혼돈을 나타내는 원시적인 바다 괴물이 자주 언급된다. 바빌로니아 신화에 나오는 여신, 티아마트(Tiamat)가 바로 그런 경우다.

유대인들에게는 강, 시내, 그리고 샘이 선을 상징한다. 이것은 시내가 생명 그 자체인 사막의 거주자에게 당연한 일이다. 팔레스타인 지역의 지도를 살펴보면 그 땅 사람들에게 요단강이 얼마나 중요한지 알 수 있다. 그것은 북부의 갈릴리 바다를 남부의 사해와 연결하면서 건조하고 바싹 마른 땅의 중심을 통과하고 있다.

서부 팔레스타인의 지중해 해변은 암석이 많은 모래톱과 돌출한 산들이 특징이다. 그래서 고대 히브리인들은 해상 무역을 발전시키지 않았다. 그곳 지형이 선박이 드나들기에 적합하지 않기 때문이다. 결국 바다는 그들에게 골칫거리였다. 지중해로부터는 돌풍이 불어 닥쳤다. 시편 46편에서 우리는 다음과 같은 회화적 이미지를 대하게 된다.

"하나님은 우리의 피난처시요 힘이시니 환난 중에 만날 큰 도움이시라 그러므로 땅이 변하든지 산이 흔들려 바다 가운데에 빠지든지 바닷물이 솟아나고 뛰놀든지 그것이 넘침으로 산이 흔들릴지라도 우리는 두려워하지 아니하리로다"(시 46:1-3).

바로 그다음 절에 대조되는 내용을 주목하라. "한 시내가 있어 나뉘어 흘러 하나님의 성 곧 지존하신 이의 성소를 기쁘게 하도다"(시 46:4).

나는 미국 중부 플로리다에 살고 있다. 플로리다는 미국에서 번개가 자주 치는 곳으로 유명하다. 여름철 몇 달 동안에는 심한 번개가 동반된 폭풍이 분다. 내 손자 손녀들은 자기들이 "요란한 소리"라고 부르는 것에 자주 놀라곤 한다. 그들에게는 시끄러운 천둥소리가 그들이 천국에 있을 것이라고 상상하는 것에 포함되지 않을 것이다.

마찬가지로 유대인들은 사나운 폭풍 말고도 바다로부터 일어나는 많은 문제를 두려워했다. 헤아릴 수 없을 정도로 여러 번 그들을 포위했던 오랜 대적들과 약탈자들은 해변 국가 사람들이었다. 블레셋 사람들 같은 적들이 바다로부터 쳐들어왔던 것이다. 때문에 유대인들에게 새로운 세상은 바다로 상징되는 모든 악한 무리가 없는 곳이었다. 그들에게 천국은 물이다. 천국은 강이다. 천국은 생명을 주는 시내다. 그러나 거기에 바다는 없는 것이다.

구속된 성(城)

"또 내가 보매 거룩한 성 새 예루살렘이 하나님께로부터 하늘에서 내려오니 그 준비한 것이 신부가 남편을 위하여 단장한 것 같더라"(계 21:2).

새로운 질서의 절정은 하나님의 도성, 구속받은 시온, 하늘에서 내려오는 예루살렘의 도래로 간주된다.

유대 문헌에서 성의 이미지는 양면적이다. 즉 부정적인 이미지와 긍정적인 이미지 사이를 오간다. 역사적으로 유대인들은 반유목민이었다. 그래서 풀이 있는 지역으로 이동하고 또 이동했다. 또한 그들은 장막에 거한 사람들이었기에, 이스라엘의 하나님은 운반할 수 있는 장막에서 첫 예배를 받으셨다.

그러나 그 백성은 안정성, 그리고 어떤 의미에서 영구성을 갈망했다. 그들은 운반할 수 있는 장막이 다윗과 솔로몬의 치하에서 웅장한 성전으로 자리했을 때 크게 기뻐했다. 그들은 족장 아브라함과 같은 사람이었다.

"믿음으로 그가 이방의 땅에 있는 것같이 약속의 땅에 거류하여 동일한 약속을 유업으로 함께 받은 이삭 및 야곱과 더불어 장막에 거하였으니 이는 그가 하나님이 계획하시고 지으실 터가 있는 성을 바랐음이라"(히 11:9-10).

그리스도는 신약성경에서 장차 임할 대제사장으로 찬양을 받으신다. "그리스도께서는 장래 좋은 일의 대제사장으로 오사 손으로 짓지 아니한 것 곧 이 창조에 속하지 아니한 더 크고 온전한 장막으로 말미암아"(히 9:11).

반면 성의 이미지는 스스로를 자랑하는 기념비를 세우기 위한 인간의 오만한 시도를 나타낼 경우 부정적인 것이 될 수 있다. 성은 소돔과 고모라의 경우처럼 악과 타락을 보여주는 장소이기도 하다. 창세기 기자가 최초의 살인자인 가인의 행동 중에서 그가 성을 쌓은 일을 언급하고 있다는 것은 의미심장하다.

"가인이 여호와의 앞을 떠나서 에덴 동쪽 놋 땅에 거주하더니 아내와 동침하매 그가 임신하여 에녹을 낳은지라 가인이 성을 쌓고 그의 아들의 이름으로 성을 이름하여 에녹이라 하니라"(창 4:16-17).

가인의 성은 소돔과 고모라 성처럼 거룩하지 못한 곳이었다. 반면 유대인들이 갖고 있는 미래의 소망이 된 것은 예루살렘이었다. 이곳 시온산은 하나님께서 자기 백성과 함께 거하시겠다고 약속하신 곳이었다. 성전이 건축되고 거룩한 순례 여행이 마쳐지는 것도 이곳이었다. 메시아이신 왕이 죽어야 했던 곳도 예루살렘이었다. 그러나 70년에 이스라엘 대학살이 일어났다. 당시 로마인들은 거룩한 성을 완전히 파괴했고, 유대인들은 온 세상에 흩어지게 되었다. 여러 세기 동안－오늘에 이르기까지－유대인들은 유월절을 지킬 때마다 "내년에는 예루살렘에서"라고 속삭이며 가슴에 사무치는 소망을 표현했다.

신약성경에서 교회가 그리스도의 신부로 불리는 것처럼 이스라엘은 하나님의 신부였다. 요한의 환상에서는 새 예루살렘의 출현이 결혼식에 모습을 나타내는 신부에 비교되고 있다. 새 예루살렘이 나타날 때 인간의 성은 사라지고 하나님의 성이 도래한다. 그리고 그 성의 입구에서 하늘의 음성이 발하게 된다.

"내가 들으니 보좌에서 큰 음성이 나서 이르되 보라 하나님의 장막이 사람들과 함께 있으매 하나님이 그들과 함께 계시리니 그들은 하나님의 백성이 되고 하나님은 친히 그들과 함께 계셔서"(계 21:3).

새 예루살렘의 주요한 특징은 하나님의 직접적인 임재다. 하나님께서는 자기 백성 중에 거하신다. 그들과 함께 거하시는 것이다. 그분은 더 이상 일상의 체험에서 동떨어지고 격리된 분으로 간주되지 않으신다. 자기 백성 중에 장막을 치신다.

구약성경에 나오는 에스겔 환상의 마지막 결론 부분은 거룩한 성의 본질을 포착하고 있다. "그 사면의 합계는 만 팔천 척이라 그날 후로는 그 성읍의 이름을 여호와삼마라 하리라"(겔 48:35).

요한은 복음서의 서문을 기록하면서 로고스, 즉 태초에 하나님과 함께 계셨고 하나님이신 하나님의 말씀을 언급했다.

"말씀이 육신이 되어 우리 가운데 거하시매 우리가 그의 영광을 보니 아버지의 독생자의 영광이요 은혜와 진리가 충만하더라"(요 1:14).

요한은 성육신을 언급하면서 말씀이 우리 가운데 "거하신다"고 말하고 있다. 그가 사용하고 있는 말은 문자적으로 '장막을 치다'라는 뜻을 갖고 있다. 예수님은 '하나님께서 우리와 함께 계신다'는 뜻을 가진 '임마누엘'이라 불리신다. 성육신하신 하나님의 첫 번째 예루살렘 방문은 일시적인 것이었다. 그분은 예루살렘에 오셨다가 그곳을 떠나셨다. 그러나 예수님은 새 예루살렘의 영구적인 거민이시다. 그분은 결코 거룩한 성을 떠나지 않으신다. 그곳을 떠나시는 일은 있을 수 없다.

9. 천국은 어떤 곳인가

모든 슬픔의 끝

"모든 눈물을 그 눈에서 닦아주시니 다시는 사망이 없고 애통하는 것이나 곡하는 것이나 아픈 것이 다시 있지 아니하리니 처음 것들이 다 지나갔음이러라"(계 21:4).

어렸을 때 어머니는 내가 상처를 입을 때마다 다정하게 나를 감싸주셨다. 눈에서 눈물이 흐르고 내가 감정을 주체 못하며 흐느낄 때, 어머니는 손수건을 꺼내어 내 뺨에 흘러내리는 눈물을 닦아주셨다. 때로는 가볍게 입을 맞추며 눈물을 씻어주셨다.

누군가의 눈물을 닦아주는 것보다 더 친밀한 인간의 체험은 그리 많지 않다. 그것은 촉각으로 느낄 수 있는 사랑의 행위이며, 통찰력 있는 비언어적 전달 형식이다. 그리고 위로를 전달하는 접촉이다.

어머니는 여러 번 내 눈물을 닦아주셨다. 그녀의 위로는 즉시 효과를 나타내서 나는 곧 울음을 그치곤 했다. 그러나 다시 상처를 입으면 또다시 눈물을 흘렸다. 지금도 나의 눈물 수송관은 계속해서 그 기능을 발휘하고 있다. 즉 나는 여전히 울 수 있는 능력을 갖고 있다.

그러나 하나님께서 눈물을 씻어주실 때, 더 이상 우는 일은 없어질 것이다. 요한은 이렇게 기록한다. "곡하는 것이나…… 다시 있지 아니하리니" 하늘에서 흘리는 눈물이 있다면 그것은 기쁨의 눈물일 것이다. 하나님께서 우리 눈에서 슬픔의 눈물을 씻기실 때, 그 위로는 영원한 것이 될 것이다.

하늘에서는 더 이상 슬픔의 눈물을 흘릴 이유가 없다. 더 이상 죽음도 없다. 슬픔도 고통도 없을 것이다. 이런 것들은 다 지나갈 처음 것들에 속한다. 다시 말해 새 예루살렘에는 묘지가 없다. 시체 공시장도, 장의사도, 병원도, 진통제도 없다. 이런 것들은 이 세상의 수고에 속한 요소들이며, 모두 다 지나갈 것이다.

"보좌에 앉으신 이가 이르시되 보라 내가 만물을 새롭게 하노라 하시고 또 이르시되 이 말은 신실하고 참되니 기록하라 하시고"(계 21:5).

너무 좋아서 사실이 아닌 것처럼 들리는 소식이 있다면 바로 고통과 슬픔과 눈물과 죽음이 추방되는 곳이 있다는 선언일 것이다. 그 사실을 생각만 해도 가슴이 벅차오른다. 혹시라도 실망하게 될까봐 그것에 대해 생각하기를 두려워할 정도다. 그러나 하나님의 보좌에서 울려 퍼지는 명령이 요한에게 직접 전해졌다. "기록하라." 그분은 이렇게 명령하셨다. "이 말은 신실하고 참되니."

이 말이 참되다고 하신 것은 그것이 진실에 상응한다는 의미다. 그 말은 공허한 환상에 불과한 약속들이 아니다. 또 그 말이 신실하다는 것은 실망할 것을 두려워하지 않고 그 말을 온전히 신뢰할 수 있다는 의미다.

"또 내게 말씀하시되 이루었도다 나는 알파와 오메가요 처음과 마지막이라 내가 생명수 샘물을 목마른 자에게 값없이 주리니"(계 21:6).

헬라어 알파벳은 '알파'로 시작해서 '오메가'로 끝난다. 그것은 영어의 '에이'(A)와 '제트'(Z)에 해당된다. 그리스도께서는 자신을 만물의 시작과 끝으로 계시하고 계신다. 다시 한 번 우리는 창조의 승리를 담은, 승리에 넘친 선언을 듣게 된다. 의미 없는 반복이 영원히 계속된다는 사실은 암시되어 있지 않다. 만물을 창조하신 분은 만물의 의미 있는 종국을 이끄신다. 공허함과 무익함은 알파와 오메가가 되시는 분에 의해 추방된다.

우리 믿음의 창시자이자 완성자인 분께서 모든 목마른 자에게 값없이 생명수를 주시겠노라고 약속하셨다. '목마름'이라는 강력한 이미지는 성경에 자주 나타난다.

> "하나님이여 사슴이 시냇물을 찾기에 갈급함같이 내 영혼이 주를 찾기에 갈급하니이다 내 영혼이 하나님 곧 살아계시는 하나님을 갈망하나니 내가 어느 때에 나아가서 하나님의 얼굴을 뵈올까"(시 42:1-2).

하나님을 향한 인간의 갈망이 혀를 내밀고 헐떡거리며 물을 찾는 사슴에 비유되고 있다. 그 감정은 강렬하다. 그 목마름은 절실하다. 그리스도께서 복이 있다고 말씀하신 사람은 바로 이런 열정적인 갈망을 소유한 사람이다. "의에 주리고 목마른 자는 복이 있나니 그들이 배부를 것임이요"(마 5:6). 이와 같은 예수님의 말씀은 우물가에서 사마리아 여인과 나누신 대화를 상기시킨다.

"예수께서 대답하여 이르시되 네가 만일 하나님의 선물과 또 네게 물 좀 달라 하는 이가 누구인 줄 알았더라면 네가 그에게 구하였을 것이요 그가 생수를 네게 주었으리라 여자가 이르되 주여 물 길을 그릇도 없고 이 우물은 깊은데 어디서 당신이 그 생수를 얻겠사옵나이까 우리 조상 야곱이 이 우물을 우리에게 주었고 또 여기서 자기와 자기 아들들과 짐승이 다 마셨는데 당신이 야곱보다 더 크니이까 예수께서 대답하여 이르시되 이 물을 마시는 자마다 다시 목마르려니와 내가 주는 물을 마시는 자는 영원히 목마르지 아니하리니 내가 주는 물은 그 속에서 영생하도록 솟아나는 샘물이 되리라"(요 4:10-14).

이 약속은 "다 이루었다"는 예수님의 말씀에서 절정에 달한다. 그분은 자신의 사역을 성취하셨고, 그 결과 미래의 승리가 확보되었다.

"이기는 자는 이것들을 상속으로 받으리라 나는 그의 하나님이 되고 그는 내 아들이 되리라 그러나 두려워하는 자들과 믿지 아니하는 자들과 흉악한 자들과 살인자들과 음행하는 자들과 점술가들과 우상 숭배자들과 거짓말하는 모든 자들은 불과 유황으로 타는 못에 던져지리니 이것이 둘째 사망이라"(계 21:7-8).

이 구절은 불길한 경고를 하고 있다. 바로 그리스도의 마지막 심판이다. 신실한 자들에게는 그리스도의 유업에 온전히 참여하게 되리라는 약속이 임한다. 우리는 하나님의 가족으로 입양될 때 그리스도와 함께 기업 무를 자들로 부름받았다. 그러나 계속 그리스도를 대적하는 자들, 적그리스도와 연합하는 자들은 천국의 복에서 제외되고, 불못에 참예하게 된다. 언급된 죄의 목록(거짓말, 우상 숭배 등)은 그리스도께 충성하기를 거부하는 적그리스도 추종자들의 특징을 요약한 것이다.

거룩한 성의 광채

"일곱 대접을 가지고 마지막 일곱 재앙을 담은 일곱 천사 중 하나가 나아와서 내게 말하여 이르되 이리 오라 내가 신부 곧 어린 양의 아내를 네게 보이리라 하고 성령으로 나를 데리고 크고 높은 산으로 올라가 하나님께로부터 하늘에서 내려오는 거룩한 성 예루살렘을 보이니 하나님의 영광이 있어 그 성의 빛이 지극히 귀한 보석 같고 벽옥과 수정같이 맑더라"(계 21:9 –11).

앞서 요한에게 큰 음녀, 바벨론에 대한 환상을 보여주었던 바로 그 천사가 이제는 그를 그와 대조되는 거룩한 성으로 데려가고 있다. 그 거룩한 성은 빛나는 하나님의 영광으로 둘러싸여 있으며, 숨 막히는 빛을 발하고 있다. 그 빛은 벽옥에 비교되고 있다. 요한계시록 앞부분에는 보좌에 앉으신 하나님의 출현이 다음과 같이 묘사되어 있다. "앉으신 이의 모양이 벽옥과 홍보석 같으며"(계 4:3).

벽옥은 노란색에서 빨강색, 그리고 초록색까지 그 색깔이 다양하고 투명하다. 반면 홍보석은 붉다. 따라서 그 성은 빛처럼 투명하고 타는 듯이 붉은 하나님의 영광, 쉐키나를 반영하는 것으로 표현되고 있다.

"크고 높은 성곽이 있고 열두 문이 있는데 문에 열두 천사가 있고 그 문들 위에 이름을 썼으니 이스라엘 자손 열두 지파의 이름들이라 동쪽에 세 문, 북쪽에 세 문, 남쪽에 세 문, 서쪽에 세 문이니"(계 21:12-13).

고대에는 성의 세력과 위엄이 성곽에 의해 평가되었다. 성곽은 성의 경계를 나타낼 뿐 아니라 적의 공격을 방어하는 데 핵심적인 요소였기 때문이다. 고대 전쟁에는 필수적으로 포위 공격과 투석기(投石機)가 포함되었다. 그래서 오늘날 옛 예루살렘 성을 방문하는 사람들은 그 성을 둘러싸고 있는 성곽에 깊은 인상을 받곤 한다. 헤롯 대제가 돌로 쌓은 예루살렘 성의 성곽은 그 높이가 23m에 달한다. 현대인이 보기에도 깜짝 놀랄 만한 이곳은 시간이 흐르면서 지금은 지하에 묻혀 있는 나머지 23m의 성벽이 드러날 때 훨씬 더 장엄한 모습을 나타낼 것이다.

그러나 지상의 예루살렘 성곽은 하늘의 예루살렘 성곽에 비교할 때 무색해진다. 이 성곽은 크고도 높다. 그것은 그 안에 거하는 사람들이 안전하다는 사실을 말해준다. 또한 그것은 하나님의 초대 없이 그 성에 들어오려는 모든 자에게 넘을 수 없는 장애물이 된다. 그곳에 들어가려면 이스라엘 자손 열두 지파의 이름이 적힌 열두 문을 통과해야 한다. 구원은 유대인으로 말미암으며, 구속사의 뿌리는 유대 민족 위에 심겨져 있다. 그러나 새 예루살렘에는 모든 민족이 들어갈 수 있는 문이 있다. 새 예루살렘은 그 원래 민족인 이스라엘에게 영광을 부여하는 곳이지만, 어린 양과 함께 거하기 원하는 모든 사람이 들어갈 수 있는 곳이다.

> "그 성의 성곽에는 열두 기초석이 있고 그 위에는 어린 양의 열두 사도의 열두 이름이 있더라"(계 21:14).

우리는 교회의 기초석이 되시는 예수님을 찬양한다. 그러나 신약성경에서 그리스도를 상징하는 데 가장 자주 사용되는 상징은 모퉁잇돌이다. 그리스도 안에 세움을 받지 않으면 어떤 기초석도 세워질 수 없다. 이 기초석(터)의 이미지는 서신서에도 나타난다.

> "너희는 사도들과 선지자들의 터 위에 세우심을 입은 자라 그리스도 예수께서 친히 모퉁잇돌이 되셨느니라"(엡 2:20).

그 성곽이 열두 기초석 위에 세워져 있다는 것이 의미심장하다. 여기서 열두 사도와 열두 선지자를 상징하는 열두 기초석과 열두 문의 대칭은 신구약성경의 일치와 하나님의 모든 백성이 완전히 포함된다는 사실을 보여준다.

"내게 말하는 자가 그 성과 그 문들과 성곽을 측량하려고 금 갈대 자를 가졌더라 그 성은 네모가 반듯하여 길이와 너비가 같은지라 그 갈대 자로 그 성을 측량하니 만 이천 스다디온이요 길이와 너비와 높이가 같더라 그 성곽을 측량하매 백사십사 규빗이니 사람의 측량 곧 천사의 측량이라"(계 21:15-17).

거룩한 성은 금 갈대 자로 측량된다. 그 측량은 그 성의 완전한 대칭을 알려준다. 비뚤어진 선이나 균형에서 벗어나는 것은 아무것도 없다. 하나님의 성은 완전한 수직을 이루고 있다. 우리는 그 성이 정육면체라는 사실을 보게 된다. 그리고 그와 같은 정육면체 구조는 구약성경의 지성소를 상기시켜준다(왕상 6:20 참조). 아마도 이것은 유대인들을 놀라게 만들 새 예루살렘의 특징을 설명해주는 것 같다. 즉 그 성에는 성전이 없다. 성 전체가 하나님의 임재가 충만한 성전이기 때문이다. 그 성은 만 이천 스다디온(2,200km 정도)으로 측량되어 있다. 하지만 이 수치는 상징적이다. 그것은 열둘이라는 숫자를 곱한 것이며, 실제로는 무한히 확장되고 있다. 뉴욕에서 덴버 정도까지 확장되어 있는 성을 상상해보라.

그 성막을 측량한 수치들 또한 놀랄 만하다. 백사십사 규빗도 열둘을 제곱한 수치임을 보여준다. 1규빗은 원래 인간의 손가락 끝에서 팔꿈치에 이르는 길이로 측정되었다. 어떤 사람들은 그 성곽을 65m 정도로 평가해왔다. 그러나 우리는 그것이 천사가 측정한 규빗이라는 사실을 주지하게 된다.

"그 성곽은 벽옥으로 쌓였고 그 성은 정금인데 맑은 유리 같더라"(계 21:18).

최근에 어떤 사람이 내가 태어난 해인 1939년에 일어난 사건들을 담은 테이프를 내게 건네주었다. 거기 언급된 사건들 중 하나가 미국에서 가장 호화롭고 비싼 개인 저택 허스트 맨션(Hearst mansion)을 세운 사건이었다. 방이 100개가 넘는 그 맨션을 짓는 데 1939년 당시 3,000만 달러가 들었다고 한다. 그 맨션에 있던 금으로 된 시설들도 참으로 장관이었다.

그러나 그토록 화려한 건물도 새 예루살렘과 비교하면 개집에 불과하다.

우리는 맑은 유리 같은 정금으로 된 성을 상상할 수 없다. 솔로몬 성전이 풍부한 금도금으로 장식되었던 사실을 알고 있지만 새 성은 단순한 도금에 그치지 않는다. 그것은 거룩하신 하나님의 아름다운 빛으로 빛나는 정금이다.

"그 성의 성곽의 기초석은 각색 보석으로 꾸몄는데 첫째 기초석은 벽옥이요 둘째는 남보석이요 셋째는 옥수요 넷째는 녹보석이요 다섯째는 홍마노요 여섯째는 홍보석이요 일곱째는 황옥이요 여덟째는 녹옥이요 아홉째는 담황옥이요 열째는 비취옥이요 열한째는 청옥이요 열둘째는 자정이라"(계 21:19-20).

그 성의 기초석에서 발견되는 보석들은 이스라엘 대제사장의 흉패를 장식한 보석들을 상기시켜 준다(출 28:15 이하 참조). 또 어떤 사람들은 그 보석들이 12궁도 점성술과 역순서로 나열되어 있는 것을 보고 이방 종교가 은밀하게 거부되고 있음을 본다. 이방 종교에서 왜곡되어 있는 참된 실재가 하나님의 성에서 발견되는 것이다.

"그 열두 문은 열두 진주니 각 문마다 한 개의 진주로 되어 있고 성의 길은 맑은 유리 같은 정금이더라"(계 21:21).

이 본문은 '진주 문'과 정금으로 된 길이 있는 천국의 대중적인 개념을 제공하고 있다. 또한 이 구절은 이사야 54장 12절의 예언을 상기시켜 준다. 고대의 랍비들은 종종 이사야의 예언을 문자적으로 받아들여 예루살렘이 폭이 30규빗이고 높이가 20규빗이며 그 안의 공지가 길이 20규빗에 폭이 10규빗이나 되는 진주를 갖게 되는 때를 학수고대하였다(그런 진주를 만들어내는 조개의 크기를 상상해보라).

나는 피츠버그에서 태어나고 자랐다. 그곳은 뜨거운 열기를 뿜어내는 철강 공장들에서 나오는 검댕과 매연으로 뒤덮인 도시라는 대중적인 이미지보다 훨씬 아름답고 사랑스러운 도시다. 그 도시는 도시 갱신의 기로에 서 있었고, 도시 부흥의 모델이 되고 있었다.

피츠버그의 문제는 철강 공장에서 뿜어져 나오는 매연이 아니다(지금은 많은 공장이 쉬고 있다). 그 도시의 아버지들을 계속 괴롭히는 문제는 악명 높은 거리의 구덩이들이다. 지난겨울에는 도로가 끊임없이 얼었다 녹는 일이 되풀이되었고, 그것이 급속하게 도로 표면을 파괴시켰다. 도로의 움푹 들어간 구덩이에 빠져 영원히 사라져 버린 폭스바겐(Volkswagen) 자동차들의 전설이 있을 정도다.

그러나 하늘의 성에는 구덩이가 없다. 끊임없이 도로를 보수하는 데 필요한 도로세도 없다. 그곳의 거리는 절대로 다시 보수할 필요가 없는 수정같이 맑은 정금으로 포장되어 있다.

교리화하고 싶지는 않지만, 이러한 회화적 이미지들은 하늘에 존재할 영광을 가장 잘 상징한다. 그렇다고 하나님께서 요한이 환상에서 본 것과 똑같은 성을 만드실 수 없다고 생각해서는 안 된다.

성전이 없는 성

"성 안에서 내가 성전을 보지 못하였으니 이는 주 하나님 곧 전능하신 이와 및 어린 양이 그 성전이심이라"(계 21:22).

이 구절은 당대의 유대인들에게 충격을 안겨주었을 것이다. 성전이 없는 새 예루살렘이란 그들에게 도저히 상상도 못할 일이다. 미래에 대한 그들의 소망은 마지막의 장엄한 성전에 초점이 맞춰져 있었다. 예수님의 대적들은 예루살렘 성전이 멸망하리라는 그분의 예언을 듣고 분노했었다(그 멸망은 A. D. 70년경에 일어났다). 그리고 유대인들이 표적을 구했을 때 그분은 이렇게 답변하셨다.

"예수께서 대답하여 이르시되 너희가 이 성전을 헐라 내가 사흘 동안에 일으키리라 유대인들이 이르되 이 성전은 사십육 년 동안에 지었거늘 네가 삼 일 동안에 일으키겠느냐 하더라 그러나 예수는 성전 된 자기 육체를 가리켜 말씀하신 것이라 죽은 자 가운데서 살아나신 후에야 제자들이 이 말씀하신 것을 기억하고 성경과 예수께서 하신 말씀을 믿었더라"(요 2:19-22).

성전은 하나님과 어린 양, 곧 하나님의 아들의 직접적인 임재로 대체되고 있다. 부활하신 그리스도는 하나님과 사람 사이의 '만남의 장소'가 되신다. 즉 자기 백성의 중보자가 되시는 것이다.

"그 성은 해나 달의 비침이 쓸데없으니 이는 하나님의 영광이 비치고 어린 양이 그 등불이 되심이라"(계 21:23).

다시 한 번 요한계시록의 말씀은 구약성경의 이사야의 예언을 반영하고 있다.

"다시는 낮에 해가 네 빛이 되지 아니하며 달도 네게 빛을 비추지 않을 것이요 오직 여호와가 네게 영원한 빛이 되며 네 하나님이 네 영광이 되리니"(사 60:19).

그리스도는 자신이 "세상의 빛"(요 8:12)이라고 선언하셨다. 그분의 부활의 빛은 하나님의 찬란한 영광과 더불어 해와 달의 빛을 무색하게 만들 것이다.

"만국이 그 빛 가운데로 다니고 땅의 왕들이 자기 영광을 가지고 그리로 들어가리라 낮에 성문들을 도무지 닫지 아니하리니 거기에는 밤이 없음이라 사람들이 만국의 영광과 존귀를 가지고 그리로 들어가겠고 무엇이든지 속된 것이나 가증한 일 또는 거짓말하는 자는 결코 그리로 들어가지 못하되 오직 어린 양의 생명책에 기록된 자들만 들어가리라"(계 21:24-27).

거룩한 성은 만국에서 온 사람들이 왕이신 메시아께 공물을 드리러 모이는 곳이다. 구속받은 자들 중 계수된 지상의 왕들이 어린 양의 발 앞에 영광과 존귀를 드리기 위해 몰려올 것이다. 고대의 박사들이 먼 곳에서 찾아와 아기 그리스도께 선물을 드렸듯이, 미래에는 왕과 왕자들이 그리스도의 보좌로 나아오는 훨씬 더 큰 장관이 펼쳐지게 될 것이다. 그때에는 만국이 만왕의 왕께 경배를 드리기 위해 모일 것이다. 그 문은 언제나 열려 있을 것이며, 해가 질 위협도 없고, 그 어떤 그림자도 하나님의 임재의 빛을 가리지 못할 것이다.

문들이 열려 있어도 속된 것은 하나도 안으로 들어가지 못할 것이다. 어린 양의 생명책에 기록되지 않은 자들은 그 문으로 들어가지 못할 것이다. 그것은 오직 그분께 속한 자들에게만 열려 있는 어린 양의 성이다.

"또 그가 수정같이 맑은 생명수의 강을 내게 보이니 하나님과 및 어린 양의 보좌로부터 나와서 길 가운데로 흐르더라 강 좌우에 생명나무가 있어 열두 가지 열매를 맺되 달마다 그 열매를 맺고 그 나무 잎사귀들은 만국을 치료하기 위하여 있더라"(계 22:1-2).

이 광경은 에덴동산의 몇 가지 요소를 상기시켜 준다. 우리는 천국이 타락으로 잃어버린 낙원이 회복되는 곳이라고 생각하는 경향이 있다.

그러나 천국은 사물의 원래 질서를 회복하는 것을 초월하며, 미래의 낙원은 원래의 에덴에서 향유했던 축복을 초월한다. 마치 에스겔의 예언과 흡사하다.

"내가 돌아가니 강 좌우편에 나무가 심히 많더라 그가 내게 이르시되 이 물이 동쪽으로 향하여 흘러 아라바로 내려가서 바다에 이르리니 이 흘러내리는 물로 그 바다의 물이 되살아나리라 이 강물이 이르는 곳마다 번성하는 모든 생물이 살고 또 고기가 심히 많으리니 이 물이 흘러 들어가므로 바닷물이 되살아나겠고 이 강이 이르는 각처에 모든 것이 살 것이며 또 이 강가에 어부가 설 것이니 엔게디에서부터 에네글라임까지 그물 치는 곳이 될 것이라 그 고기가 각기 종류를 따라 큰 바다의 고기같이 심히 많으려니와 그 진펄과 개펄은 되살아나지 못하고 소금 땅이 될 것이며 강 좌우 가에는 각종 먹을 과실나무가 자라서 그 잎이 시들지 아니하며 열매가 끊이지 아니하고 달마다 새 열매를 맺으리니 그 물이 성소를 통하여 나옴이라 그 열매는 먹을 만하고 그 잎사귀는 약 재료가 되리라"(겔 47:7-12).

에스겔의 환상에서는 강물이 성전으로부터 흘러나온다. 반면 요한의 환상에서는 강물이 영구한 성전이며 치유의 근원이 되시는 그리스도로부터 흘러나오고 있다.

저주의 종말

요한의 환상에서는 그가 강 양편에 가지를 드리운 한 생명나무를 보았는지, 구별된 두 생명나무를 보았는지 판단하기가 어렵다. 어느 경우든 그 나무는 미래에 존재하게 될 새로운 생명의 질서를 상징한다. 일년 사계절의 순환은 봄에 시작해서 겨울에 끝이 난다. 하지만 그 나무들은 달마다 새 열매를 맺는다. 잎사귀들도 시들거나 죽지 않는다. 땅의 저주는 끝났다. 자연계에서 더 이상 가시덤불이나 엉겅퀴를 찾아볼 수 없다. 추수를 위협하는 가뭄도 있을 수 없다.

그 나무의 잎사귀들은 약 재료가 된다. 그 안에 열방의 상처를 치유하는 향유를 담고 있다. 요한은 치료받아야 하는 병들이 어떤 것인지 밝히지 않는다. 아마도 그는 자연 세계의 일반적인 고통이 제거되는 것을 염두에 두었을 것이다. 아니면 적그리스도로 말미암은 상처가 치유되는 것을 생각했을 수 있다.

"다시 저주가 없으며 하나님과 그 어린 양의 보좌가 그 가운데에 있으리니 그의 종들이 그를 섬기며"(계 22:3).

저주의 종말은 하나님의 구속이 완전하게 성취된다는 신호다. '저주'라는 개념은 인류의 타락으로 말미암았다. 저주는 불순종에 대한 하나님의 심판이다. 최초의 타락에서 하나님은 하와를 속인 뱀을 저주하셨다. 또한 여자에게 해산의 고통을 주시고 남자에게는 땀 흘려 수고하는 고통을 주셨다. 땅도 가시덤불과 엉겅퀴가 나도록 저주를 받았다. 하나님께서 이스라엘과 언약을 세우실 때도 극적으로 나타나고 있다.

"내가 오늘 복과 저주를 너희 앞에 두나니 너희가 만일 내가 오늘 너희에게 명하는 너희의 하나님 여호와의 명령을 들으면 복이 될 것이요 너희가 만일 내가 오늘 너희에게 명령하는 도에서 돌이켜 떠나 너희의 하나님 여호와의 명령을 듣지 아니하고 본래 알지 못하던 다른 신들을 따르면 저주를 받으리라"(신 11:26-28).

저주는 긍정적인 축복들을 상실하는 것을 초월한다. 궁극적으로 저주에는 하나님의 임재로부터 단절되는 것이 포함된다. 그리스도께서 십자가에서 '아버지'께 버림받으셨을 때 하나님의 임재로부터 단절되셨다. 빛이 사라지고 어둠의 심연에 빠지셨던 것이다.

저주는 우리가 이 세상에서 하나님의 얼굴을 볼 수 없음을 의미한다. 또 우리가 어느 정도까지 하나님의 부재(不在)를 체험함을 의미한다. 그런데 요한의 환상에서는 저주가 사라질 때 두 가지 현상이 나타나고 있다. 첫 번째는 하나님과 어린 양의 분명한 임재다. 두 번째로 나타나는 것은 하나님 백성들의 자발적인 섬김이다. 이것은 처음 저주를 초래한 상황과 명백한 대조를 이룬다. 저주가 임한 것은 불순종 때문이었다. 저주가 사라지면 더 이상의 불순종은 존재하지 않는다. 따라서 천국에는 저주와 그 원인인 죄가 존재하지 않는다.

지복직관

"그의 얼굴을 볼 터이요 그의 이름도 그들의 이마에 있으리라"(계 22:4).

여기에 천국에서 이뤄질 가장 큰 소망이 나타난다. 바로 신학자들이 '지복직관'이라 부르는 것이다. 지복직관은 즉각적이고도 심오한 기쁨을 초래하는 일견(一見)이다. 모든 사람이 그 축복을 위해 지음받았다. 여기서 인간의 영혼을 괴롭히는 공허감이 마침내 채워진다.

"그의 얼굴을 볼 터이요." 믿음의 삶에 따르는 문제 중 눈으로 볼 수 없는 하나님을 섬기고 경배하라고 부름받은 것보다 더 큰 문제는 존재하지 않는다. '눈에서 멀어지면 마음에서도 멀어진다'는 격언은 사랑하는 대상에게 적용될 때 더 민감하게 느껴진다. 우리는 우리의 눈으로 그분의 장엄한 영광을 보고 싶어 한다. 그분이 자신의 얼굴빛을 우리에게 비춰주시기 바란다.

하나님께서 인간에게 나타나신 구약의 이야기에서 우리는 기껏해야 신현(神顯)이라고 부를 만한 기록을 대하게 된다. 신현은 보이지 않는 하나님께서 눈으로 볼 수 있도록 나타나시는 것이다. 모세는 불이 붙었으나 타지 않는 떨기나무를 보았다. 이스라엘 백성들은 구름기둥을 보았다.

하지만 이러한 신현은 하나님의 얼굴에 드리워 있는 베일을 여전히 그대로 남겨 두었다.

사도 요한은 요한일서에 이렇게 썼다.

"보라 아버지께서 어떠한 사랑을 우리에게 베푸사 하나님의 자녀라 일컬음을 얻게 하셨는가, 우리가 그러하도다 그러므로 세상이 우리를 알지 못함은 그를 알지 못함이라 사랑하는 자들아 우리가 지금은 하나님의 자녀라 장래에 어떻게 될지는 아직 나타나지 아니하였으나 그가 나타나시면 우리가 그와 같을 줄을 아는 것은 그의 참모습 그대로 볼 것이기 때문이니(요일 3:1-2).

사도 요한은 '지복직관'이라는 주제를 놀란 어조로 소개하고 있다. 그는 우리가 하나님의 자녀라 일컬음을 얻을 수 있다는 사실을 매우 놀라운 일로 선언하고 있다.

하나님께서 양자 된 자녀들에게 이러한 특권을 부여하시는 것은 모든 일반적인 범주를 문제시하지 않는 방식이나 그러한 종류의 사랑을 반영한다. 성부 하나님으로 하여금 우리를 그분의 자녀로 부르시게 만든 것은 초월적인 방식의 사랑이다. 우리에게는 그러한 호칭을 부여받을 자격이 없다. 그 호칭의 근거는 우리의 어떤 공로에서도 발견되지 않는다.

우리가 하나님의 자녀라 일컬음을 얻을 수 있는 유일한 근거는 오직 하나님께서만 보여주실 수 있는 놀라운 사랑이다.

요한은 계속해서 우리가 어떻게 될 것인지 아직 계시되지 않았다고 이야기한다. 거울은 아직 희미하다. 미래도 아직은 분명하지 않다. 그러나 우리의 영혼을 흥분시키는 몇 가지 암시가 제시되고 있다. 희미한 빛의 번쩍임이 어두운 거울을 꿰뚫는 것처럼 우리가 분명히 알고 있는 사실이 하나 있다. 바로 '우리가 그와 같게' 될 것이라는 사실이다.

하나님의 자녀인 우리가 그분의 형상으로 지음받았다는 것은 역설 가득한 사실이다.

하나님께서 인류를 창조하신 의도는 우리로 하여금 하나님의 성품을 반영하도록 하시는 것이었다. 그러나 인간의 타락으로 말미암아 그분의 형상이 더럽혀졌다. 하나님의 형상인 우리는 거짓말하는 형상이 되었다. 그 형상은 왜곡되어 있다. 우리가 죄를 범한다는 사실보다 인간의 특성을 더 잘 보여주는 것은 없다. 우리는 죄를 범하면서 하나님께 없는 속성을 정확하게 드러낸다. 하나님의 성품에는 악의 그림자도 존재하지 않는다.

우리에게서 죄가 완전히 제거될 때 우리는 하나님의 진정한 형상이 될 것이며, 그분과 같아질 것이다.

요한은 사건의 정확한 순서를 말하고 있지 않다. 하나님을 볼 수 있으려면 우선 청결해져야 하는가, 아니면 베일을 벗으신 하나님을 보는 체험이 우리를 청결하게 만들어줄 것인가? 정확하게 어떤 것이 맞는지 모르지만, 나는 아마도 전자일 것이라고 생각한다.

팔복에 나오는 예수님의 약속은 다음과 같다. "마음이 청결한 자는 복이 있나니 그들이 하나님을 볼 것임이요"(마 5:8).

하나님의 얼굴을 보는 데 필요한 절대적인 조건은 마음의 청결함이다. 죽을 운명에 처한 인간들이 하나님을 볼 수 없는 이유는 마음이 청결한 사람이 하나도 없기 때문이다. 문제는 우리 눈이 아니다. 우리의 마음이다. 우리가 하늘에서 영광을 입게 될 때 하나님을 볼 수 있는 자격을 갖추게 될 것이다. 그러므로 나는 우리가 "그의 참모습 그대로" 보기 전에 우리 마음에서 부정한 것들이 완전히 일소될 것이라고 생각한다.

루 월리스의 소설을 영화화한 할리우드 영화 '벤허'(Ben-Hur)에는 주인공이 그리스도를 바라보는 의미심장한 장면이 나온다. 우물 옆에 먼지를 뒤집어 쓴 채 쓰러져 있는 벤허는 목이 말라 죽을 지경이다. 카메라는 벤허의 얼굴에 초점을 맞춘다. 그의 얼굴은 고통으로 일그러져 있다. 잠시 후 한 남자의 그림자가 그의 얼굴을 가린다. 우리는 그 사람의 얼굴을 보지 못한다. 카메라는 벤허의 얼굴에 계속 초점이 맞춰져 있다. 그 남자는 그에게 물을 준다. 벤허가 지친 얼굴을 들어 자비로운 이방인을 바라볼 때, 우리는 갑작스러운 빛이 그의 얼굴을 변화시키는 모습을 보게 된다. 그리고 그의 얼굴에 나타나는 극단적인 변화를 보고, 그가 얼굴을 들 때 그리스도의 얼굴을 직접 바라보고 있음을 감지하게 된다.

이것이 그리스도인의 궁극적인 목표다. 우리가 하나님의 얼굴을 볼 때 모든 고통과 고난의 기억이 사라질 것이다. 우리의 영혼도 치유를 받게 될 것이다.

하나님께서는 자신의 이름을 우리 이마에 기록하실 것이다. 적그리스도의 숫자가 기록되지 않을 것이다. 우리는 우리가 하나님의 자녀임을 영원히 밝혀줄, 지울 수 없는 이름을 지니게 될 것이다.

"다시 밤이 없겠고 등불과 햇빛이 쓸데없으니 이는 주 하나님이 그들에게 비치심이라 그들이 세세토록 왕노릇하리로다 또 그가 내게 말하기를 이 말은 신실하고 참된지라"(계 22:5-6).

이 말씀은 요한이 천국의 은밀한 방들을 들여다본 것의 절정을 이룬다. 다시 한 번 그는 모든 어둠이 추방된다는 사실을 강조하고 있다. 하나님의 찬란한 영광이 영원한 빛으로 그분의 자녀들을 덮으실 것이다. 또한 그분께 속한 사람들은 자기들의 온전한 기업을 받게 될 것이다. 그리고 그분이 이렇게 말씀하시는 것을 듣게 될 것이다. "오라, 내 사랑하는 자녀들아. 태초부터 너희를 위해 예비되어 온 나라를 상속하거라."

이것이 하늘의 선언으로 확증된 약속이다. "이 말은 신실하고 참된지라"라는 선언은 현재의 고통과 고난에 대한 우리의 모든 의심을 제거해준다. 우리가 이 땅에서 겪고 있는 고난이 하나님께서 우리를 위해 하늘에 쌓아 두신 영광과 족히 비교할 수 없다는 사도의 비교를 확증해주는 것이 바로 이 약속이다. 고난이 절대로 헛되지 않다는 하나님의 맹세로 봉인되어 있는 것이 이 약속인 것이다.

마치는 글

고난을 초월하는 소망

바울은 에베소서에서 신자들에 대한 자신의 마음속 깊은 감정을 이렇게 표현했다.

"이로 말미암아 주 예수 안에서 너희 믿음과 모든 성도를 향한 사랑을 나도 듣고 내가 기도할 때에 기억하며 너희로 말미암아 감사하기를 그치지 아니하고 우리 주 예수 그리스도의 하나님, 영광의 아버지께서 지혜와 계시의 영을 너희에게 주사 하나님을 알게 하시고 너희 마음의 눈을 밝히사 그의 부르심의 소망이 무엇이며 성도 안에서 그 기업의 영광의 풍성함이 무엇이며 그의 힘의 위력으로 역사하심을 따라 믿는 우리에게 베푸신 능력의 지극히 크심이 어떠한 것을 너희로 알게 하시기를 구하노라 그의 능력이 그리스도 안에서 역사하사 죽은 자들 가운데서 다시 살리시고 하늘에서 자기의 오른편에 앉히사"(엡 1:15-20).

목회 소망을 언급한 이 표현에서 바울은 기독교의 세 가지 위대한 미덕-믿음, 사랑, 소망-을 모두 언급하고 있다. 그는 사랑을 통해 드러나는 성도들의 믿음을 듣고 느낀 기쁨을 표현한다. 그러나 그의 기도의 초점은 하나님의 영이 신자들의 마음눈을 밝히사 우리가 소망을 온전히 파악하게 하는 것에 있다. 따라서 여기서도 그는 하나님의 부르심에 대한 소망을 언급한다.

우리를 향한 하나님의 부르심은 궁극적으로, 혹은 최종적으로 고난을 향한 것이 아니라 고난을 초월하는 소망을 향한다. 그것은 우리가 그리스도와 함께 받을 미래의 기업에 대한 소망이기도 하다. 이 소망은 영혼의 나태한 소망이나 아무 근거 없는 갈망이 아니다. 그것은 하나님의 위대하신 능력에 뿌리를 두며, 그것을 품고 있는 사람을 절대로 부끄러워하거나 낙심하는 자리에 내버려두지 않을 소망이다.

고난을 초월한 소망은 그리스도의 유산이다. 그것은 그분을 의지하는 모든 사람에게 하나님께서 주시는 약속이다.

부록 1 – 죽음과 사후의 삶에 대한 질문과 답변

Q : 당신은 질병이나 노환의 고통으로 이 땅에 머물기보다 차라리 천국에 가기를 원하는 사람들에게 어떻게 조언하겠는가?

A : 우선 나는 그런 선택을 내린 것에 대해 그들을 칭찬해줄 것이다. 그들은 분명히 훌륭한 사람들이다. 그런 감정은 성경의 영웅들에게서 자주 발견된다.

메시아를 보려고 여러 해를 기다린 연로한 시므온이 마침내 성전에서 그리스도를 보는 축복을 누리게 된 사건을 기억할 것이다. 그는 아기 예수를 팔에 안고 '시므온의 찬송'(Nunc Dimittis)으로 알려진 시를 읊었다. "주재여 이제는 말씀하신 대로 종을 평안히 놓아 주시는도다 내 눈이 주의 구원을 보았사오니"(눅 2:29-30).

또한 욥은 큰 고통 중에 자기를 죽여달라고 하나님께 간청했다. "나의 간구를 누가 들어줄 것이며 나의 소원을 하나님이 허락하시랴 이는 곧 나를 멸하시기를 기뻐하사 하나님이 그의 손을 들어 나를 끊어버리실 것이라"(욥 6:8-9). 모세와 엘리야도 똑같이 간청했다.

어떤 사람이 뱃멀미의 심한 고통을 묘사하며 다음과 같이 말하는 것을 들은 적이 있다. "무엇보다 나는 죽을까봐 두려웠습니다. 그다음에는 죽지 않을까봐 두렵더군요." 그의 익살스러운 말은 많은 사람이 겪고 있는 엄연한 실재를 표현하고 있다.

언젠가 빌리 그레이엄 목사가 은퇴 후 본향에 가서 그리스도와 함께 있게 되기를 갈망한다고 말했다. 그의 말은 사도 바울의 말을 반영하는 것이었다.

"이는 내게 사는 것이 그리스도니 죽는 것도 유익함이라 그러나 만일 육신으로 사는 이것이 내 일의 열매일진대 무엇을 택해야 할는지 나는 알지 못하노라 내가 그 둘 사이에 끼었으니 차라리 세상을 떠나서 그리스도와 함께 있는 것이 훨씬 더 좋은 일이라 그렇게 하고 싶으나 내가 육신으로 있는 것이 너희를 위하여 더 유익하리라"(빌 1:21-24).

바울은 기꺼이 지상 사역을 계속할 수 있었다. 하지만 그가 정말로 선택하고 싶었던 것은 죽어서 그리스도와 함께 있는 것이었다.

그리스도인들이 죽음을 갈망하는 이유 두 가지가 있다. 첫 번째 이유는 우리의 영적인 목적지에 이르고자 하는 깊은 갈망을 성취하려는 것이다. 우리 영혼의 순례 여행은 우리가 안식에 들어갈 때까지 완성되지 않는다. 두 번째 이유는 고통에서 벗어나려는 욕구에 의한 것이다.

쇠렌 키에르케고르는 인생의 가장 고통스러운 체험 중 하나가 죽기를 바라는데도 그렇게 하도록 허락받지 못하는 것이라고 했다. 하나님께서는 자살을 허락하지 않으신다. 우리가 죽는 시간은 하나님의 손에 달려 있다. 우리는 우리가 떠나는 순간을 재촉하기 위해 어떠한 조치들을 취할 수 없다. 하나님은 생명의 창시자이신 동시에 삶과 죽음의 주관자가 되신다. 우리가 우리 자신의 죽음을 위해 기도할 수는 있다. 하지만 그 요청은 반드시 하나님에 의해서만 허락될 수 있다.

Q : 자살하는 사람들에게 어떤 일이 일어나는가?

A : 역사적으로 교회는 앞에 언급한 이유들 때문에 자살에 대해 불분명한 견해를 취해 왔다. 그러나 우리는 실제로 많은 사람이 자살하고 있다는 사실을 대한다.

언젠가 텔레비전 토크쇼에서 자살을 해도 천국에 갈 수 있냐는 질문을 받은 적이 있다. 나는 "그렇습니다."라고 간단히 대답했고, 그 대답은 사회자를 깜짝 놀라게 만들었다.

나는 자살이 어디에서도 용서받지 못할 죄로 규정되어 있지 않다고 설명했다. 우리는 자살하는 사람의 마음에 그 순간 어떤 일이 일어나는지 전혀 모른다. 물론 자살은 철저한 절망에 굴복하는 불순종의 행위일 수 있다. 하나님에 대한 일체의 신앙이 부재(不在)함을 나타낼 수도 있다. 그러나 또 한편으로는 일시적이거나 장기간 지속된 정신병의 징후일 수 있다. 심각한 우울증이 갑작스럽게 고조되어 일어날 수도 있다(그러한 우울증은 기질적인 원인, 혹은 비의도적으로 어떤 약물을 복용한 결과로 일어나기도 한다).

어느 정신과 의사는 자살하는 사람 대다수가 24시간만 견뎠다면 그렇게 하지 않았을 것이라는 사실에 주목했다. 그러한 관찰은 추측에 불과하다. 하지만 그것은 자살을 기도했다가 실패한 후 회복된 사람들과 나눈 인터뷰에 기초한 추측이다.

요점은 사람들이 다양한 이유로 자살을 기도한다는 것이다. 하나님께서는 한 사람이 자살하는 순간의 복잡한 사고 과정을 포괄적으로 아신다. 따라서 어떤 사람을 심판하실 때 모든 경감 사유들(mitigating circumstances)을 고려하신다.

물론 우리는 사람들이 자살하는 것을 말려야 한다. 그러나 이미 자살한 사람들은 하나님의 자비에 맡겨야 한다.

Q : 잠시 죽었다가 되살아난 사람들이 이야기하는 육체에서 벗어나는 체험, 즉 '터널을 지난 것 같은' 체험을 어떻게 설명할 수 있는가?

A : 나는 소위 '퀴블러-로스 현상'(Kubler-Ross phenomenon, 임사[臨死] 체험)을 완전하게 설명할 수 없다. 이 현상에 대해 많은 연구가 실시되

어 왔지만 기껏해야 이론적인 것들뿐이다. 그동안 임상적인 죽음을 겪은 후 심폐소생술이나 그 밖의 수단을 통해 의식을 회복한 사람들 중 50퍼센트 정도가 특별한 체험을 했다고 주장하는 보고를 들은 적이 있다. 어떤 사람들은 자기 몸이 침대에 누워 있고 의사나 간호사들이 투약하는 광경을 천장에서 내려다보았다고 이야기한다. 또 어떤 사람들은 엄청나게 밝은 빛으로 둘러싸인 거대한 터널을 통과했다고 한다.

이러한 보고 대부분은 긍정적인 성격을 띠어 왔다. 그러나 베일 너머에 그들을 기다리고 있을지 모르는 어떤 것 때문에 무섭고 기분이 나빴다는 보고도 있었다.

이러한 지각(知覺)을 종교적으로 해석하는 작업은 종종 그와 같은 긍정적인 체험들이 신자와 불신자들 모두에게서 보고되는 사실 때문에 복잡해지고 있다.

그 현상에 대해서는 다양한 설명들이 있어왔다. 어떤 설명에는 기시체험(경험한 적 없는 것을 과거에 경험한 것으로 느끼는 착각—역주)으로 해석되는 것과 유사하게, 약물이나 뇌에 일어나는 단절 때문에 일어나는 일종의 최면술이 포함된다(기시체험의 한 이론은 뇌에 가해지는 충격들이 그것이 실제 기억이 아님에도 불구하고 어떤 기억에 대한 감정을 만들어내는 반응을 촉발한다고 이야기한다. 즉 우리가 어떤 체험을 하는 동안 그것을 이미 체험한 적 있다는 섬뜩한 감정을 느끼게 되는 것이다. 그러나 기시체험에는 여전히 신비한 요소들이 남아 있다. 예를 들어 어떤 사람이 어떤 상황 중에 말하거나 행하는 것을 그 일이 일어나기 전에 우리가 '알고 있는' 경우들이다).

또 다른 설명은 사후의 삶에 대한 성경적인 단언에 기초하고 있다. 우리 그리스도인들은 영혼이 죽음을 이기고 살아남는다고 믿는다. 육체적인 생명이 멈춘 후에도 인격적인 존재는 계속된다. 우리가 선하든 악하든, 구속을 받았든 그렇지 않든, 우리 영혼의 삶은 계속되는 것이다.

나는 이러한 보고에 매력을 느낀다. 그리고 미래에 그 보고들에 대한 과학적인 분석이 이뤄지기를 고대한다. 하지만 우리는 다음과 같은 경고를 담은 부자와 거지 나사로의 비유를 생각해야 한다. "이르되 모세와 선지자들에게 듣지 아니하면 비록 죽은 자 가운데서 살아나는 자가 있을지라도 권함을 받지 아니하리라 하였다 하시니라"(눅 16:31).

Q : 그리스도의 이름으로 받는 핍박 외의 일반적인 고난을 그리스도의 고난에 동참하는 것이라고 할 수 있는가?

A : 어떤 경우에는 그럴 수 있다고 생각한다. 우리의 고난이 믿음 중에 이뤄진다면, 고난을 당하는 동안 하나님을 신뢰한다면, 우리는 예수님이 성부 하나님께 품었던 신뢰를 본받게 된다. 분명한 사실은 부당하게 고난당하는 사람들에게 특별한 약속이 주어져 있다는 것이다. 즉 의를 위해 핍박을 받는 사람들에게는 위로가 되는 성경의 약속들이 많이 주어져 있다.

그렇다면 핍박의 결과가 아닌 질병이나 어떤 비극으로 고난을 받는 사람은 어떤가? 고통 중에 하나님을 신뢰하는 것은 보상 없는 미덕이 아니다. 그것은 여전히 그리스도를 모방하는 것을 함축한다. 그것이 구속하는 공로를 포함하는 것은 아니지만, 하나님께서는 자기 자녀들이 고난 속에서 믿음을 지킬 때 분명히 영광받으시고 기뻐하신다. 그렇게 하는 가운데 우리는 그리스도의 모범을 따르게 되는 것이다.

또한 우리는 우리 죄의 당연한 결과로 고통을 당할 수도 있다. 이런 면에서는 그리스도를 본받고 있지 않다. 그러나 이런 상황에서도 하나님을 영화롭게 하는 것이 가능하다. 십자가상의 강도가 자기가 당연히 받아야 할 벌을 받고 있음을 인정했을 때 하나님께서 영광을 받으셨다. 그는 이미 범한 죄에 하나님을 모독하거나 욕하는 죄를 추가하지 않았다.

Q : 동물에게도 사후의 삶이 있는가?

A : 이것은 가볍게 여길 질문이 아니다. 우리는 동물, 특히 애완동물에 매우 애착을 갖는 사람들을 알고 있다. 고양이를 좋아하는 소녀, 개를 좋아하는 남자 등은 모두 인간이 동물에게 갖는 애정을 잘 보여준다.

전통적으로 많은 사람이 동물에게는 사후의 삶이 존재하지 않는다고 믿어왔다. 성경은 동물이 천국에 간다고 명확하게 언급하지 않는다. 동물들이 무덤을 이기고 살아남지 않는다는 개념에 대한 핵심적인 주장 중 하나는 그들이 영혼을 소유하고 있지 않다는 확신이다. 많은 사람이 인간을 동물로부터 구별시켜 주는 특징이 영혼을 소유한 것과 그렇지 않은 것이라고 확신한다. 어떤 사람들은 인간 안에 있는 하나님의 형상이 바로 영혼 속에 있다고 생각하기도 한다.

그런 맥락에서 동물들은 우리처럼 생각할 수 없다고 간주되고 있다. 그들의 반응은 저급한 인식의 형태라기보다 본능으로 설명되고 있는 것이다. 그러나 본능이라는 용어는 모호한 연구 대상이다. 어떤 것이 본능이라고 생각되는가? 동물들은 우리가 '감정'이라고 부르는 것을 나타낼 수 있다. 또한 그들은 외부적인 자극에 분명하게 반응한다.

물론 성경은 동물들이 생각한다고 말하지 않는다. 그들이 영혼을 소유하고 있다고도 말하지 않는다. 하지만 그 두 가지 사실을 부인하지도 않는다. 분명한 것은 성경이 소가 그 주인의 멍에를 안다고 말하고 있다는 것이다. 여기서 '안다는 것'이 동물에게 할당되고 있다. 물론 그 구절은 비유적으로, 혹은 시적으로 해석될 수 있다. 따라서 우리는 이 문제를 확실하게 판단할 수 없다.

다만 우리가 확신할 수 있는 사실이 하나 있다. 성경이 말하는 구속은 우주적인 견지에서 설명되고 있다는 것이다. 즉 피조물 전체가 인간의 타락으로 황폐해진 것처럼, 피조물 전체가 구속을 고대하고 있다.

"피조물이 고대하는 바는 하나님의 아들들이 나타나는 것이니 피조물이 허무한 데 굴복하는 것은 자기 뜻이 아니요 오직 굴복하게 하시는 이로 말미암음이라 그 바라는 것은 피조물도 썩어짐의 종노릇한

데서 해방되어 하나님의 자녀들의 영광의 자유에 이르는 것이니라"
(롬 8:19-21).

하늘과 미래의 구속에 관한 이미지에는 동물들이 포함된다. 어린 양과 사자와 늑대가 모두 언급되고 있는 것이다. 그와 같은 이미지들도 비유적으로만 설명될 수 있다. 그러나 그 이미지들은 우주적인 구속을 약속하는 동시에, 미래에 인간의 친구인 동물들의 구속이 일어나리라는 실제적인 소망을 제공해주고 있다.

Q : 고난을 피하려고 애쓰는 것은 잘못된 일인가?

A : 교회사에는 고난이 너무나 큰 미덕으로 간주된 나머지 사람들이 그것을 체험하려는 목적으로 길을 떠났던 시기가 있었다. 악한 몸으로부터 영혼을 해방시키는 데 초점을 맞췄던 고대의 이단 마니교는 교회에 강력한 영향을 끼쳤다. 그 결과 자신에게 채찍질을 가하는 기괴한 의식을 포함하는 엄격한 금욕행위가 하나님 앞에서 공로를 얻는 길로 간주되기도 했다. 그러나 고난을 위한 고난에는 특별한 가치가 없다. 고난에 대한 추구는 마조히즘(masochism) 같은 심리적인 질환의 표시일 수 있다. 또 어떤 사람이 용서의 은총을 받아들이기보다 자신의 죄를 스스로 속죄하기 바라는 교만한 마음으로 자기 의를 나타내기 위해 애쓰는 것일 수도 있다.

고난을 추구할 이유는 없다. 의도적으로 고난을 피하는 것이 그리스도를 배신하는 일이 되지 않는 한, 고난을 피하려고 시도하는 것에는 아무 잘못이 없다. 초기의 순교자들은 그리스도를 부인하면 사자의 먹이가 되지 않을 수 있었다. 그것이 바로 고난을 회피하는 것이 죄가 될 수 있었던 경우다(그러한 예는 초대교회에만 국한되지 않는다. 오늘날에도 세계의 여러 상황, 특히 공산주의 국가에서는 그리스도인들이 그리스도를 위해 고난받기를 선택하고 – 어떤 경우에는 선택하지 않고 – 있다).

우리는 식료품을 구입하고 질병을 치료하기 위해 약품을 사용하면서 고난을 피하려 한다. 이것은 죄가 아닌 신중함이다. 하나님께서는 우리에게 몸과 영혼의 청지기로서 우리 자신을 돌보라고 명하신다. 따라서 고난을 피하는 것이 연관된 상황에 따라 미덕이 되거나 죄가 된다는 결론을 내릴 수 있다.

Q : 아기가 죽거나 유산될 때, 그 영혼은 어디로 가는가?

A : 이 질문에는 유산과 죽음 사이의 관계가 모호하다는 사실이 나타난다. 만일 잉태하는 순간에 생명이 시작된다면 유산은 일종의 죽음이다. 그러나 출산할 때까지 생명이 시작되지 않는다면 유산은 죽음이 아니다. 이 문제에 대한 전통적인 견해는 잉태하는 순간부터 생명이 시작된다는 것이다. 그렇다면 유아의 죽음과 유산의 문제는 동일한 답을 갖게 된다.

인간이 스스로를 책임지는 나이(정신적인 능력에 따라 다르다)에 이르기 전에 죽을 때, 우리는 하나님께서 특별한 자비를 베풀어주시기를 기대해야 한다. 대부분의 교회는 하나님께서 그러한 특별한 자비를 베풀어주신다고 믿는다. 이러한 견해가 유아들이 무죄하다는 가정을 내포하는 것은 아니다. 다윗은 자기가 죄 가운데 태어나고 잉태되었다고 선언하였다. 그렇게 함으로써 그는 분명하게 성경적인 원죄 개념을 언급했다. 원죄는 아담과 하와가 지은 최초의 죄가 아니라 그 죄로 인한 결과를 말한다. 즉 원죄는 모든 인간에게 영향을 끼치고 있는 타락한 상태를 뜻한다. 우리는 죄를 범하기 때문에 죄인이 아니라 죄인이기 때문에 죄를 범한다. 쉽게 말해 우리가 악한 본성을 가지고 태어나기 때문에 죄를 범하는 것이다.

유아들이 실제적인 죄에 대한 죄책을 지지 않는다 해도 그들은 원죄에 오염되어 있다. 그것이 우리가 유아들의 구원이 그들의 무죄함이 아니라 하나님의 은혜에 달려있다고 주장하는 이유다.

내가 몸담고 있는 교회는 유아로 죽는 신자들의 자녀들이 하나님의 특별한 은총으로 천국에 간다고 믿고 있다. 불신자들의 자녀들에게 일어나는 일은 신비의 영역으로 남겨져 있다. 하지만 그들에게도 하나님의 특별한 은혜가 주어질지 모른다. 우리는 분명히 그런 소망을 가질 수 있다. 우리가 그러한 은혜를 바란다 하더라도 그 문제를 특별하게 다루고 있는 성경적인 가르침은 거의 없다. "어린아이들을 용납하고 내게 오는 것을 금하지 말라 천국이 이런 사람의 것이니라"(마 19:14)는 예수님의 말씀은 우리에게 위로를 안겨준다. 그러나 그 말씀이 유아 구원에 대한 절대적인 약속을 제공해주지는 않는다.

다윗과 밧세바의 아들을 하나님께서 데려가셨을 때 다윗은 이렇게 탄식했다. "이르되 아이가 살았을 때에 내가 금식하고 운 것은 혹시 여호와께서 나를 불쌍히 여기사 아이를 살려 주실는지 누가 알까 생각함이거니와 지금은 죽었으니 내가 어찌 금식하랴 내가 다시 돌아오게 할 수 있느냐 나는 그에게로 가려니와 그는 내게로 돌아오지 아니하리라"(삼하 12:22-23).

여기서 다윗은 "나는 그에게로 가려니와"라는 확신을 선언하고 있다. 그것은 미래에 자기 아들을 다시 만나게 되리라는 소망을 은밀하게 언급하는 것이다. 미래의 재회에 대한 이 소망은 자녀를 잃은 모든 부모가 품고 있는 영광스러운 소망이며, 부활에 대한 신약성경의 가르침이 지지해주고 있는 소망이다.

Q : 자유의지는 고난과 어떤 관계가 있는가? 예를 들어 어떤 사람이 담배를 피워 암으로 죽는다면 그의 고난은 하나님의 부르심인가, 하나님의 심판인가? 아니면 그가 선택한 삶의 결과인가?

A : 이 질문은 앞에 언급된 고난의 세 가지 가능성을 나열하고 있다. 우리는 그중 하나를 완전히 제거할 수 있다. 만일 하나님께서 주권자시라면 우연히 일어나는 일은 아무것도 없다. 우연한 사건은 하나님의 주권적인 뜻에서 완전히 벗어나는 사건이 되기 때문이다. 만일 그러한 사건들이 하나님의 주권적인 뜻에서 벗어나 있다면 하나님을 주권적인 분이라고 부르는 것은 모순이 된다. 내가 다른 책에서 말했듯이, 만일 우주 안에 무리에서 떨어지고 하나님의 주권에서 벗어나 자유롭게 돌아다니는 단일한 분자가 존재한다면 하나님의 약속이 이뤄지리라는 보장도 존재하지 않는다. 그 한 분자는 하나님의 영원한 계획을 혼란에 빠뜨리는 요인이 될 것이다. 여기서는 인간이 세

운 최선의 계획이 아니라 창조주가 세운 최선의 계획이 길을 잃게 되는 것이다.

또 만일 하나님께서 주권적인 분이 아니라면 하나님은 하나님이 아니다. 주권적이지 못한 하나님은 하나님이 될 수 없다. 주권적이지 못한 하나님은 통치는 해도 지배는 못하는 이름뿐인 왕처럼 될 것이다. 인간들에게는 자유의지가 있지만 그 자유의지는 제한되어 있다. 언제나 하나님의 자유의지에 제한되어 있는 것이다. 이와 같이 하나님의 자유의지는 주권적인 자유의지다. 반면에 우리의 자유의지는 종속적인 자유의지다.

고난을 소명이라고 이야기할 때, 나는 하나님께서 우리에게 일어나는 모든 일에 대한 주권을 보유하고 계신다는 사실을 염두에 둔다. 그러나 그것이 우리의 자유의지와 책임을 배제하지는 않는다.

그렇다면 남아 있는 질문은 '앞에서 말한 고난이 하나님의 부르심인가, 하나님의 심판인가?' 이다. 여기서 우리는 그릇된 딜레마를 대하게 된다. 이것은 양자택일의 상황이 아니다. 고난을 향한 하나님의 부르심은 심판의 행위일 수도 있는 것이다.

우리는 사무엘이 엘리를 섬기고 있을 때 그에게 임한 한밤중의 소명을 기억한다. 하나님께서는 사무엘에게 엘리의 집을 심판하실 것을 계시하셨다. 그 후 엘리는 사무엘에게 하나님께서 계시해주신 내용을 이야기해 달라고 간청하였다.

"이르되 네게 무엇을 말씀하셨느냐 청하노니 내게 숨기지 말라 네게 말씀하신 모든 것을 하나라도 숨기면 하나님이 네게 벌을 내리시고 또 내리시기를 원하노라 하는지라 사무엘이 그것을 그에게 자세히 말하고 조금도 숨기지 아니하니 그가 이르되 이는 여호와이시니 선하신 대로 하실 것이니라 하니라"(삼상 3:17-18).

엘리는 하나님의 심판을 깨달았다. 그것이 의로운 일임을 깨달았다. 그는 묵묵히 그 심판을 받아들였고, 고난 중에 내려지는 벌을 받으라는 부르심을 받아들였다.

마찬가지로 다윗은 나단이 자신의 죄를 이야기해 주었을 때 즉시 회개했다. 그러나 자신의 생명은 보존되었지만, 아들의 생명은 보존되지 못했다.

"다윗이 나단에게 이르되 내가 여호와께 죄를 범하였노라 하매 나단이 다윗에게 말하되 여호와께서도 당신의 죄를 사하셨나니 당신이 죽지 아니하려니와 이 일로 말미암아 여호와의 원수가 크게 비방할 거리를 얻게 하였으니 당신이 낳은 아이가 반드시 죽으리이다 하고"(삼하 12:13-14).

성경은 이후 다윗이 하나님께 아이를 위해 간구했다고 기록한다. 그는 금식하고 기도했다. 그러나 하나님은 안 된다고 말씀하셨다. 결국 이레 만에 아이가 죽었다. 그때 다윗은 어떤 반응을 보였을까? "다윗이 땅에서 일어나 몸을 씻고 기름을 바르고 의복을 갈아입고 여호와의 전에 들어가서 경배하고 왕궁으로 돌아와 명령하여 음식을 그 앞에 차리게 하고 먹은지라"(삼하 12:20).

다윗은 고난 중에 하나님을 경배했다. 사실 그는 자기가 잘못을 바로잡으시는 하나님의 심판하에 고난받는다는 사실을 알고 있었기에 하나님의 소명에 의롭게 응했다. 다윗의 반응은 다음과 같은 욥의 선언을 반영한다. "내가 모태에서 알몸으로 나왔사온즉 또한 알몸이 그리로 돌아가올지라 주신 이도 여호와시요 거두신 이도 여호와시오니 여호와의 이름이 찬송을 받으실지니이다"(욥 1:21).

부록 2 – 죽은 자들과 접촉하는 것

플라톤과 칸트 같은 사람들의 사색은 '사후의 삶'이란 문제에 관해 많은 위로를 제공해준다. 그들의 연구는 기껏해야 인격적인 존재가 무덤을 초월하여 계속된다는 개념이 이성이나 자연에 모순되지 않는다는 사실을 보여줄 뿐이다. 그들의 주장은 우리가 너무나도 소중히 여기는 소망을 확실히 지지해주지만 단순히 사색에 그치고 있다. 때문에 우리는 '실재'(實在)가 플라톤이 생각한 것만큼 합리적이지 않으며, '본성'이 칸트가 바랐던 것처럼 의로운 것이 아닐지 모른다는 불안한 느낌을 버리지 못한다.

우리는 사후에도 삶이 계속된다는 구체적이고도 확실한 증거를 갈망한다. 즉 누군가가 죽었다가 다시 돌아왔다거나, 사후에서 가지고 온 메시지를 우리에게 전달하는 식의 확신을 원하는 것이다.

금지된 영역 : 강신술(降神術)

보편적으로 '강신술'이라 불리는 '강령술'(降靈術)의 관습은 인간이 내세로부터 직접 입수한 정보를 얼마나 얻고 싶어 하는지를 보여준다. 강신술사의 회합은 영매(靈媒), 교령술(交靈術, 혼령이 책상 따위를 똑똑 두드리는 소리를 내며 인간과 소통하는 것-역주), 영기(靈氣)의 출현 등을 통해 그런 정보를 얻을 수 있다고 약속한다.

극소수의 사람들이 영매와의 상담을 신뢰하지만, 대부분의 경우 강신술은 사기적인 신비술로 치부되고 있다. 다만 어떤 사람들은 강신술을 남을 속이는 하찮은 장난으로 보는 반면, 어떤 사람들은 그것을 실제적이고 마귀적인 것의 출현으로 본다.

일전에 부지중 강신술사의 회합에 참석한 적이 있다. 어떤 교회에 강연을 하러 갔던 나는 개회예배를 마친 후 기도 모임에 참여해달라는 초대를 받았다. 한 무리의 그리스도인들이 기도를 하기 위해 어떤 집에 모여 있었다. 그러나 불이 꺼지자 인도자가 성령께 세상을 떠난 친구들 및 친척들과 접촉할 수 있는 능력을 달라고 간구하기 시작했다. 나는 그것이 강신술사의 회합이라는 것을 즉시 알아차렸고, 곧 항의를 표시했다.

나는 사람들에게 성경이 그러한 관습을 매우 회의적으로 보고 있다는 사실을 설명해주었다. 그리고 그러한 활동이 하나님 보시기에 가증스러운 일이며, 이스라엘 민족에게도 중죄에 해당했다는 사실을 보여주는 구약의 몇 구절을 인용했다. 그러자 그 모임의 지도자가 이렇게 맞섰다. "하지만 그것은 구약 아닙니까! 우리는 신약 시대에 살고 있습니다. 그리고 성령께서 이것이 오늘날 자신의 뜻이라는 확신을 우리에게 주셨습니다."

나는 다음과 같이 물었다. "구속사의 범위 안에서 하나님이 이 문제에 관해 마음을 바꾸실 만한 일이 일어났습니까?"

물론 구약성경에서 금지되었던 것이 오늘날에는 허용되는 일들(음식에 관한 규례들)이 분명히 있다. 또 지금 행할 경우 하나님을 모욕하게 될 일들(예를 들어 희생제사를 드리는 것은 그리스도의 완전하고 완성된 희생제사를 모독하는 일이 될 것이다)이 구약성경에 명령되어 있다.

그러나 성경은 하나님의 섭리 안에서 일어나는 이러한 변화의 이유들을 분명하게 제시한다. 구약성경에서 하나님께 가증스러운 일이었던 강신술이 지금은 하나님을 기쁘시게 하는 일임을 암시하는 말씀은 단 한 마디도 없다. 오히려 신약성경은 사도행전에서 사도들이 그런 관습에 직면했을 때 보였던 반응에서 볼 수 있듯이, 마법과 마술을 반대하고 있다.

우리는 강신술이 일종의 마법이나 마술인지를 물어야 한다. 사울이 엔돌의 여인으로 하여금 사무엘을 무덤에서 불러내게 하지 않았는가!

그렇다면 우리는 구약성경에 기록되어 있는 소름 끼치는 사건을 어떻게 이해해야 할까? 그 여인은 정말로 사무엘을 불러왔던 것일까, 유령을 불러왔던 것일까? 아니면 단순한 속임수였을까?

솔직히 말해서 나는 그 질문의 답을 알지 못한다. 구약성경에 나타난 그 이야기는 사무엘이 정말로 무덤에서 돌아왔던 것처럼 보인다.

"왕이 그에게 이르되 두려워하지 말라 네가 무엇을 보았느냐 여인이 사울에게 이르되 내가 영이 땅에서 올라오는 것을 보았나이다 하는

지라 사울이 그에게 이르되 그의 모양이 어떠하냐 하니 그가 이르되 한 노인이 올라오는데 그가 겉옷을 입었나이다 하더라 사울이 그가 사무엘인 줄 알고 그의 얼굴을 땅에 대고 절하니라 사무엘이 사울에게 이르되 네가 어찌하여 나를 불러 올려서 나를 성가시게 하느냐 하니 사울이 대답하되 나는 심히 다급하니이다 블레셋 사람들은 나를 향하여 군대를 일으켰고 하나님은 나를 떠나서 다시는 선지자로도, 꿈으로도 내게 대답하지 아니하시기로 내가 행할 일을 알아보려고 당신을 불러 올렸나이다 하더라"(삼상 28:13-15).

이 이야기는 실제로 영매를 통한 환생을 묘사한 것일 수 있다. 혹은 나타난 현상을 충실하게 묘사한 기록에 불과할 수도 있다. 성경은 우리가 현상적인 언어라고 부르는 것, 즉 사건을 눈에 보이는 대로 묘사하곤 한다. 따라서 이것은 마술사의 솜씨 좋은 속임수가 증인들에게 마치 그대로 일어난 일처럼 묘사된 것일 수 있다.

예를 들어 우리는 바로의 궁정에서 술객들이 실제로 마술을 행한 것인지, 아니면 모세의 기적과 경쟁하는 중에 그 술객들이 행한 일들에 대한 성경의 기록이 그들이 솜씨 좋게 고안한 속임수들을 현상적으로 묘사한 것인지를 질문할 수 있다.

많은 학자들이 또 다른 대안을 추구한다. 그들은 술객들의 속임수와 엔돌 여인의 솜씨를 사탄의 기적의 범주에 둔다. 성경은 사탄에게 "표적과 거짓 기적"(살후 2:9)을 행할 수 있는 능력이 있다고 말한다. 즉 사탄은 광명의 천사로 가장하고 거짓 기적을 행할 수 있다.

사탄은 진짜 기적을 행할 수 있는가?

나는 대다수의 복음주의 그리스도인들이 사탄에게 기적을 행하는 능력이 있다고 믿는 것이 안전하다고 생각한다. 그러나 나는 그가 기적을 행할 수 있다고 믿지 않는다. 이런 판단은 결정적으로 나를 복음주의 세계에서 소수의 입장에 처하게 만든다.

이 문제는 두 가지 질문에 집중되어 있다. 기적의 성경적인 기능이 무엇인가? 거짓 기적이 무엇인가? 즉 거짓 기적을 진짜 기적과 비교할 때 무엇이 그것을 거짓된 것으로 만드는가?

신학자들은 기적을 중요하게 구분한다. 그것은 분명 언급할 만한 가치가 있다. 어떤 사람들은 기적을 '자연에 역행하는'(contra naturam), 즉 정상적인 자연법칙에 역행하여 이뤄지는 행위로 정의한다. 이러한 개념에 추가되는 것이 '죄에 역행하는'(contra peccatum), 즉 죄에 역행하여 이뤄지는 일이라는 개념이다.

많은 사람이 이렇게 생각한다. '마귀는 자연에 역행하는 일을 행할 수 있지만 죄에 역행하는 일은 행할 수 없다.' 이러한 논증은 주로 신약성경에 나오는 예수님과 바리새인들 사이의 논쟁에 기초한다. 바리새인들은 예수님이 기적을 행하신다는 사실을 부인하지 않았다. 오히려 그들은 예수님께서 사탄의 능력을 힘입어 기적을 행한다고 예수님을 정죄했다.

이러한 정죄는 예수님으로 하여금 성령을 훼방하는 죄에 대해 엄중한 경고를 하시게 만들었다(막 3:28-30). 예수님은 그 도전에 사탄이 자신의 목적을 손상시키는 기적을 행하지 않을 것이라고 말씀하심으로써 응하셨다. 또한 스스로 분쟁하는 집에 대해 말씀하셨다.

"예수께서 그들을 불러다가 비유로 말씀하시되 사탄이 어찌 사탄을 쫓아낼 수 있느냐 또 만일 나라가 스스로 분쟁하면 그 나라가 설 수 없고 만일 집이 스스로 분쟁하면 그 집이 설 수 없고"(막 3:23-25).

우리는 예수님이 자신을 정죄하는 자들에게 이렇게 대답하지 않으신 사실에 주목하게 된다. "사탄에게는 기적을 행할 수 있는 능력이 없다." 예수님은 자연에 역행하는 일을 할 수 있는 마귀의 능력을 반박하지 않으셨다. 정확히 말하면 그분은 사탄이 죄에 역행하여 행동할 것이라는 생각의 어리석음을 지적하셨다. 그러므로 많은 사람이 내리는 결론은 예수님께서 사실상 사탄이 기적을 행할 수 있다는 추론을 허용하셨다는 것이다.

그렇다면 이것은 하나님에 의한 진짜 기적과 사탄에 의한 거짓 기적의 결정적인 차이가 그 궁극적인 목적에 있음을 의미하게 될 것이다. 즉 진정한 기적은 사탄의 일을 파괴하고 하나님 나라를 선양하려는 목적으로 일어나는 반면, 거짓 기적은 하나님의 나라를 침해하고 사탄의 나라를 선양하려는 목적으로 일어나는 것이다. 그러나 두 가지 '기적' 모두 정상적인 자연법칙들을 무시하는 공통점을 지닌다.

이러한 구분은 많은 사람에게 설득력을 발휘해왔다. 그러나 우리는 여전히 매우 성가신 문제들을 안고 있다. 커다란 문제는 다음과 같다. '궁극적으로 누가 진정한 기적을 행하고 누가 거짓 기적을 행하는지 어떻게 알 수 있는가? 누가 하나님 나라를 선양하고 있고 누가 그렇게 하고 있지 않은지 판단하기란 그리 쉬운 일이 아니다.

알다시피 사탄의 확실한 능력 중 하나가 천사의 모습으로 가장하는 것이다. 즉 그는 '선한 모습을 하고' 나타나는 능력을 갖고 있다. 때문에 사탄의 가면은 믿을 수 없을 정도로 포착하기가 어렵다. 그는 자기를 어둠의 왕이라고 선언하지 않는다. 겉으로 빛의 모습을 가장한다. 그렇다면 우리는 어떻게 가면을 뚫고 참모습을 볼 수 있는가?

나는 그리스도인들에게 생각할 수 없는 것을 생각하라고 요청하려 한다. 예수님이 거짓 선지자가 아니라는 사실을 어떻게 알 수 있는가? 예수님이 정통 유대교와 구약의 일신교로부터 사람들을 유혹하기 위해 스스로의 부활을 포함하여 비상한 기적들을 행한 마귀가 아니었다는 사실을 어떻게 알 수 있는가? 기독교가 하나님보다는 인간이나 천사를 경배하는 우상숭배에 빠지도록 사탄이 보낸 기만이 아니라는 사실을 어떻게 알 수 있는가?

가설로라도 이런 질문들을 제기하는 것은 용서받지 못할 죄에 근접한다. 그러나 이 질문들은 타당하다. 그렇지 않다면 우리는 결코 '예수님이 그리스도라는 것을 어떻게 알 수 있는가?' 라는 질문을 정직하게 제기할 수 없을 것이다.

가설적인 논증을 사용해보자. 사탄이 거짓 메시아로 가장하고, 사람들을 속이기 위해 온갖 기적을 행했다고 상상해보라. 그런데 일부 경건한 바리새인들이 이 거짓 메시아가 자기를 경배하게 만들고 율법에 대한 그들의 이해를 손상시키고 있다는 사실을 알아차렸다고 상상해보라. 그리고 그들이 사탄과 손잡은 거짓 메시아를 직면하고 있다는 사실을 깨달았다고 상상해보라. 그 거짓 메시아는 뭐라고 말했을까? 그는 분명 자기가 죄를 위해 일한다고 선언하지 않았을 것이다. 그는 사탄이 사탄을 반대하는 일을 하지 않을 것이라고 말함으로써 반대자들을 혼란에 빠뜨릴 정도로 교활했을 것이다. 사탄은 자기를 위해 일하고 있는 동안에도 사람들이 자기를 반대하여 일하고 있는 것처럼 생각하게 만들 수 있을 만큼 교활하다.

그렇다면 우리는 사탄이 사실상 자신을 반대하여 일하고 있었는지에 대한 진위를 어떻게 알 수 있는가? 예수님이 바리새인들과 논박하시는 과정에서 사용하신 이 논증은 바리새인들도 이미 공유하고 있었던 많은 가정 중 하나였다. 예를 들어 예수님은 자신이 메시아라는 주장을 뒷받침하시기 위해 여러 번 성경에 호소하셨다.

그러나 사탄도 성경에 호소했다. 따라서 죄에 역행한다는 논증이 타당성을 갖기 위해서는 먼저 다음의 두 가지 질문이 해결되어야 한다. '성경이 하나님의 말씀이라는 것을 어떻게 알 수 있는가?' '누가 성경을 정확하게 해석하고 있는가?'

두 번째 질문은 대답하기가 쉽지 않다. 하지만 우리는 우리에게 도움이 되는 특정한 해석의 원칙들(해석학)을 보유하고 있다. 그러므로 진짜 문제는 첫 번째 질문이다.

만일 성경이 하나님의 말씀임을 확증하고 그다음으로 사탄의 성경 해석이 타당하지 않음을 입증한다면, 우리는 사탄이 하나님을 반대하여 일한다는 것을 알 수 있다. 우리는 어떤 말이나 행동이 죄에 반하여(contra peccatum) 행해졌는지, 죄를 위해(pro peccatum) 행해졌는지를 입증하기 전에 먼저 죄(peccatum)의 본질을 입증해야 한다. 즉 어떤 것이 하나님의 규범들에 반(反)하여 일하고 있음을 알기 전에 우리는 먼저 그 규범들이 어떤 것인지를 입증해야 한다. 이것이 바로 성경이 행하고 있는 일이다.

오직 하나님만이 자신의 말씀이 자신의 말씀임을 입증하실 수 있다. 어떻게 그렇게 하시는가? 기적을 통해서, 자연에 역행하는 일들을 행하심으로써 그렇게 하신다. 하나님은 어떤 것이 자신에게서 온 것이라는 사실을 오직 자신만이 행할 수 있는 일들로 그것을 입증하심으로써 우리에게 보여주신다. 만일 하나님께서 사탄도 행할 수 있는 일을 통해 어떤 것을 입증하신다면, 입증된 모든 것은 하나님이나 사탄 둘 중 하나로부터 온 일이다. 그렇다면 우리는 둘 중 어느 편이 그 일의 근원인지를 도저히 알 수 없을 것이다.

모세는 불이 붙었는데도 타지 않는 떨기나무를 경험했다. 자연에 역행하는 일을 직접 목격한 것이다. 불붙은 떨기나무 사건을 통해 하나님은 모세에게 이스라엘 자손을 그들이 처해 있는 포로 상태에서 인도해내라고 명령하셨다. 모세는 자신에게 신임장이 없다는 사실을 알고 있었다. 그는 수십 년 동안 사람들의 눈에 띄지 않는 망명 생활을 했다. 그런 그의 주장을, 더욱이 하나님의 인도하에 행동한다는 그의 주장을 어느 누가 믿으려 했겠는가! 그래서 그는 하나님께 이렇게 말했다.

"모세가 대답하여 이르되 그러나 그들이 나를 믿지 아니하며 내 말을 듣지 아니하고 이르기를 여호와께서 네게 나타나지 아니하셨다 하리이다 여호와께서 그에게 이르시되 네 손에 있는 것이 무엇이냐 그가 이르되 지팡이니이다 여호와께서 이르시되 그것을 땅에 던지라 하시매 곧 땅에 던지니 그것이 뱀이 된지라 모세가 뱀 앞에서 피하매"(출 4:1-3).

하나님께서는 모세에게 기적을 행하는 능력을 부여하심으로써 그에게 신임장을 수여하셨다. 그 기적들은 모세의 배후에 하나님의 권위가 있음을 입증해줄 것이었다.

"이는 그들에게 그들의 조상의 하나님 곧 아브라함의 하나님, 이삭의 하나님, 야곱의 하나님 여호와가 네게 나타난 줄을 믿게 함이라 하시고"(출 4:5).

마술사들의 속임수

바로의 궁전에 이른 모세와 아론은 애굽의 마술사들과 '기적'을 놓고 경쟁을 벌이게 되었다. 모세는 아론으로 하여금 자기 지팡이를 던져 뱀이 되게 하였다. 그러자 애굽의 마술사들도 똑같은 마술을 행했다. 그들이 지팡이를 던지자 아론이 했을 때처럼 뱀이 되었던 것이다(출 7:10-12).

이 사실을 어떻게 이해해야 하는가? 바로의 마술사들이 사탄의 능력을 힘입어 진짜 기적을 행한 것일까? 이것은 죄에 역행하여 일하는 한 사람과 죄를 위해 일하는 사람들 사이의 경쟁이었는가? 그 순간 누가 둘 사이의 차이를 구분할 수 있는가?

결국 그 경쟁은 도덕적인 근거가 아니라 자연적인 근거에서 판가름 났다. 모세의 지팡이였던 뱀이 술객들의 뱀을 집어삼켰기 때문이다. 이어진 경쟁에서 모세는 그 능력의 우월성을 근거로 계속 승리를 거두었다. 반면 마술사들은 매번 절대로 넘어설 수 없는 한계에 봉착했고, 모세는 그 마술사들의 한계를 극복할 수 있었다.

성경이 바로의 마술사들을 '마술사', 혹은 '요술사'라고 부르는 것에 주목해야 한다. 그들은 마귀가 아니었다. 그들은 애굽의 비전적인 마술을 행하는 인간이었다.

이제 다음과 같은 질문이 남는다. '애굽의 마술사들은 초자연적인 능력을 입고 있었는가, 아니면 단지 매우 자연스러운 수단을 통해 얻은 속임수를 보여준 것인가?

바로의 마술사들이 오늘날의 미국 마술사들보다 더 놀라운 일을 할 수 있었다고 추측할 이유는 없다. 덕 헤닝과 데이비드 카퍼필드 같은 현대의 마술사들은 '진짜 마술'을 행한다고 주장하지 않는다. 그들은 스스로를 전문적인 요술쟁이라고 부르기 좋아한다. 그들은 교묘하게 고안한 속임수나 손재주로 청중들을 놀라게 할 수 있다. 주로 마술사들에게 초자연적인 능력이 있지 않다고 믿는 문화에서 그러한 속임수들을 행하고 있다.

언젠가 로스앤젤레스에 있는 마술 궁전(Magic Palace)을 방문한 적이 있다. 그 궁전은 전문적인 마술사들과 그들의 손님들을 위해 마련된, 밝은 분위기의 디너 클럽이다. 그곳의 회원이 되려는 마술사는 동료 마술사들의 입문 테스트를 통과해야 한다. 음식이 제공되는 동안 그곳을 방문한 마술사들이 손님들에게 마술을 보여준다.

나는 그곳에서 세계에서 손재주가 가장 뛰어난 마술사의 재주를 한 시간 동안이나 볼 수 있었다. 그 쇼는 우리 테이블에서 벌어졌고, 그 마술사는 나와 60cm 정도 떨어진 곳에서 마술을 펼쳤다. 그는 소금뿌리개 3개를 테이블 위에 놓고 그중 하나의 바닥 밑에 25센트짜리 동전을 놓았다. 그리고 내 눈앞에서 그 동전이 사라질 때까지 소금뿌리개들을 움직였다. 그러면 잠시 후 그 동전이 다른 소금뿌리개 밑에서 나왔다.

나는 그가 마술을 펼치는 모습을 한 시간 동안 뚫어지게 바라보았다. 하지만 그의 동작을 도무지 알아차릴 수 없었다. 그래서 다른 방법을 시도해보았다. 마술사가 어떤 동작을 하든 상관없이 세 번째 소금뿌리개를 꿋꿋이 지켜보는 식으로 말이다. 그는 똑같은 동작을 되풀이한 후 내게 물었다. "세 번째 밑에 있습니까?" 나는 "아닙니다!"라고 대답했다. 그러자 그는 "아쉽군요."라고 이야기하며 세 번째 소금뿌리개를 들어 올렸다. 동전은 그곳에 있었다.

나는 지금도 그가 어떻게 했는지 모른다. 하지만 그의 마술이 초자연적인 능력에 의한 것이 아니라는 것은 알고 있다.

마술사의 속임수는 대부분 매우 간단한 수단을 통해 이뤄진다. 때로는 거울, 조립식 상자, 경첩, 혹은 간단한 손재주를 통해 마술이 행해진다. 대부분의 마술사들은 청중이 잘못된 추측을 하게 만드는 방법에 의존한다.

나는 간단한 카드 마술을 좋아한다. 그중 일부는 숫자 계산을 통해 이뤄지고, 나머지는 손재주를 통해 이뤄진다. 가장 쉬운 마술은 잘못된 상상에 기초해서 이뤄지는 마술들이다.

언젠가 재키 글리슨(Jackie Gleason, 미국의 배우이자 희극인-편집자주)이 현대의 한 마술사 이야기를 들려주었다. 그는 마이애미의 희극 배우 루 카스텔로가 소개한 정신적인 텔레파시에 빠져들게 되었다. 카스텔로는 텔레파시로 놀라운 재주를 행할 수 있는 사람들이 있다고 주장하며, 전화로 사람들의 마음을 읽을 수 있는 사람들을 알고 있다고 했다. 글리슨은 남의 말을 너무 쉽게 믿는 카스텔로를 보고 어안이 벙벙하여 텔레파시는 허튼 소리에 불과하다고 선언했다. 논쟁이 계속됨에 따라 카스텔로는 고집을 버리지 않고 글리슨에게 자기주장을 증명하는 데 500불을 걸겠노라고 내기를 걸었다. 결국 글리슨이 그 내기를 받아들여 그의 사기 행각이 계속되었다.

카스텔로는 한 무더기의 카드를 보여주고 그중 하나를 집어 들 것을 요구했다. 글리슨은 카드 한 장을 집어 들었다(스페이드 퀸이라고 가정하자). 그러자 카스텔로가 말했다. "좋아, 여기 보스턴에 사는 마술사의 전화번호가 있으니 전화를 걸어서 그 마술사에게 물어보게." 글리슨은 그 번호로 전화를 걸어 "마술사 계십니까?"라고 물었다. 그러자 보스턴에서 전화를 받은 사람이 "제가 마술산데요."라고 대답했다. 글리슨은 이렇게 말했다. "내가 방금 카드를 한 장 집어 들었는

데, 어떤 카드인지 말해주셨으면 합니다." 그러자 그는 이렇게 대답했다. "우선 그 카드에 생각을 강하게 집중시키셔야 합니다."

글리슨은 스페이드 퀸에 대해 할 수 있는 온갖 생각을 하며 전화기 옆에 서 있었다. 그러자 마술사는 잠시 머뭇거리더니 이렇게 말했다. "당신의 카드는 그림 카드군요. 검정색 카드구요. 당신은 스페이드 퀸을 빼들었어요."

글리슨은 놀라서 전화기를 떨어뜨리고 고개를 돌렸다. 옆에 있던 카스텔로가 히죽 웃으면서 500불을 받기 위해 손바닥을 벌리고 서 있었다.

루 카스텔로는 그 '마술사' 사기로 엄청난 돈을 벌었다. 그의 게임은 단순한 것이었다. 그에게는 미국 전역에 흩어져 있는 52명의 친구가 있었고, 그들은 마술사들로 각기 특정한 카드를 맡고 있었다. 카스텔로는 각 카드에 해당되는 친구들의 전화번호를 암기하고 있었다. 그리고 재키 글리슨 같은 미끼들을 정신적인 텔레파시 이야기에 끌어들였다. 그와 함께 내기를 하려는 사람은 얼마든지 있었다. 일단 그의 희생자가 카드를 집어 들면, 카스텔로는 그 카드에 맞는 전화번호를 알려주고 마술사에게 전화를 걸어 물어보라고 말하는 것뿐이었다. 그 카드에 해당되는 마술사는 자신을 찾는 전화를 받을 때마다 카스텔로의 사기 행각이 벌어지고 있음을 알고, 곧 돈을 챙기게 될 것을 예상할 수 있었다.

그렇다면 이 모든 것이 엔돌의 여인, 그리고 바로의 마술사들과 무슨 연관이 있는가? 요점은 다음과 같다. 애굽 궁정의 마술사들과 엔돌의 여인은 아마도 단순히 청중들을 즐겁게 해주려는 목적으로 고안된 교묘한 속임수를 행하고 있었을 것이다. 접을 수 있는 튜브에 뱀을 감춰 두는 것은 엄청난 묘기가 아니다. 그런 묘기에는 여자를 절반으로 토막내거나 비어 있는 모자 속에서 토끼를 끄집어내는 텔레비전 마술사가 보여주는 마술보다 더 많은 계획이 요구되지 않는다. 하나님께서 모세를 통해 행하신 기적과 애굽의 마술사들이 보인 마술의 차이는 하나님께서 미리 준비해 두셨다가 때 맞춰 막대기를 꺼내신 것이 아니라 막대기를 뱀으로 만드셨다는 것이다.

· 사울과 엔돌의 여인

엔돌의 여인은 조금 더 어려운 문제를 제시한다. 우리는 그것을 몇 가지로 설명할 수 있다. 첫 번째는 그것이 오늘날의 영매에 의해 행해지는 것과 비슷한 수법으로 이뤄진 속임수라는 설명이고, 두 번째는 그것이 사탄의 수단으로 이뤄진 마귀적인 환상이라는 것이다. 그리고 세 번째는 사무엘이 실제로 죽은 자들로부터 되돌아왔다는 것이다.

만일 세 번째 경우가 실제로 일어났다면, 우리는 내세로부터 모습을 드러낸 유령에 대한 성경의 기록을 보유하게 된다. 그러나 이것은 강신술사의 회합을 승인하는 기록이 아니었을 것이다. 이 사건에서 엔돌의 여인이 속임수이든 아니든, 그런 일을 행하는 것은 이스라엘에서 중죄에 해당되었고, 그녀는 그 사실을 알고 있었다.

"여인이 그에게 이르되 네가 사울이 행한 일 곧 그가 신접한 자와 박수를 이 땅에서 멸절시켰음을 아나니 네가 어찌하여 내 생명에 올무를 놓아 나를 죽게 하려느냐 하는지라 사울이 여호와의 이름으로 그에게 맹세하여 이르되 여호와께서 살아계심을 두고 맹세하노니 네가 이 일로는 벌을 당하지 아니하리라 하니"(삼상 28:9-10).

죽은 자들을 접촉하는 것은 가능한 일이지만 허용될 수 없는 일이다. 그것을 금하는 성경구절들은 다음과 같다.

"너는 무당을 살려두지 말라"(출 22:18).
"너희는 신접한 자와 박수를 믿지 말며 그들을 추종하여 스스로 더럽히지 말라 나는 너희 하나님 여호와이니라"(레 19:31).
"접신한 자와 박수무당을 음란하게 따르는 자에게는 내가 진노하여 그를 그의 백성 중에서 끊으리니"(레 20:6).
"남자나 여자가 접신하거나 박수무당이 되거든 반드시 죽일지니 곧 돌로 그를 치라 그들의 피가 자기들에게로 돌아가리라"(레 20:27).

신약성경의 마지막 장을 보면, 천국에서 배제되는 사람들 중에 점술가들이 포함되어 있다.

"개들과 점술가들과 음행하는 자들과 살인자들과 우상 숭배자들과 및 거짓말을 좋아하며 지어내는 자는 다 성 밖에 있으리라"(계 22:15).

속임수의 노출

오늘날의 강신술사들과 영매들은 거짓말에 능숙하다. 길거리에서 우리는 복채를 받고 미래를 알려준다고 약속하는 점쟁이들의 광고 간판을 본다.

사실 수정구슬로 점을 치는 장사는 겉보기에 별로 번창하는 것 같지 않다. 그런 가게 대부분은 도시의 황폐한 지역에 자리 잡고 있으며, 그곳에서 가난한 사람들을 제물 삼아 그들에게 미래의 희망을 약속하고 있다. 왜 점쟁이들이 그들의 정신적인 에너지와 점치는 카드에 집중하는 노력을 주식 투자에 쏟아 부어 부자로 은퇴하지 않는지 궁금할 뿐이다.

언젠가 하버드대학에서 자연과학 분야의 박사 학위를 받은 한 남자를 알게 되었다. 그리스도인인 그는 아마추어 마술사였다. 그는 교회를 방문하여 현대의 영매들이 강신술사의 회합에서 사용하는 거짓 수단들에 대해 강연하곤 했다. 그는 무대에서 그들의 묘기들을 재연한 후 그 속임수를 드러냈다. 그가 보여주는 과정은 일반적으로 다음과 같이 진행되었다.

먼저 청중들 중에서 몇 사람을 무대에 나와 탁자 주위에 앉게 했다. 그들은 모두 손을 들어 그 과학자의 손이 다른 사람들의 손에 깍지 끼워져 있는 것을 확인시켜 주었다. 그러면 그는 참가자들에게 자신의 구두 위에 발을 올려놓게 했다. 청중이 보고 있는 동안, 그는 자기가 세상을 떠난 영혼을 불러 테이블을 똑똑 두드리게 하여 그 영혼의 임재를 알려줄 것이라고 선언하였다. 그는 발가락 부분을 쇠로 감싼 특별히 무거운 구두를 신고 있었다. 그리고 바지의 무릎 부분에 금속을 두르고 있었다. 참가자들이 탁자 아래서 그의 구두를 밟고 있는 동안, 그는 슬며시 구두에서 발을 뺀 후 무릎을 들어 올리고 거기에 붙어 있는 금속으로 탁자의 아랫부분을 두드렸다. 탁자 주위에 앉은 사람들이 놀라서 바라보는 동안, 그가 무슨 일을 하는지 볼 수 있었던 청중들은 큰 소리로 웃음을 터뜨렸다.

유명한 셜록홈즈 시리즈의 저자인 아서 코난 도일은 영매의 의식(儀式)에 열심인 집단에 깊이 개입되어, 그 의식의 진정성을 확신하고 있었다.

당시의 강신술사들에게 가장 큰 적은 유명한 요술쟁이 해리 후디니였다. 후디니는 모든 유명한 강신술이 다 사기에 기초하고 있다고 확신했다. 때문에 아서는 후디니가 자연스러운 요술로 흉내 낼 수 없는 묘기를 보여주는 영매에게 후한 상을 내걸었다. 하지만 그 상을 받은 사람은 한 사람도 없었다.

후디니는 한술 더 떴다. 그는 죽기 전에 날짜와 신호를 정해놓고, 가능하다면 자기가 죽은 후에 아내와 접촉을 가지겠노라고 호언했다. 그가 죽은 후 정해진 날짜가 되었을 때, 위대한 후디니는 아내와 접촉하지 못했다. 그렇게 그는 사후에까지 영매들의 신용을 떨어뜨렸다.

도둑을 잡으려면 도둑이 필요하다. 과학자들에게 깊은 인상을 심어준 영매들은 전문적인 마술사임이 드러났다. 마술사들은 최고의 악마를 때려잡는 사람들이다. 그들은 그 사기꾼들의 비밀을 안다.

신비술을 넘어 진리로

사후의 삶을 확증하고 살피는 데 마술이나 주술의 영역보다 더 좋은 곳이 있다. 우리는 철학자들의 사색, 주술 신봉자들의 무의미한 주문, 그리고 요술쟁이들의 속임수를 넘어설 수 있다. 신약성경, 즉 속임수를 초월하여 우리를 진정한 역사적 진리로 인도하는 예수님의 말씀과 사역으로 나아가게 된다.

예수님이 행하신 기적들은 하나님의 존재를 증명하기 위한 것이 아니었다. 그 이유는 기적들이 하나님의 존재를 입증할 수 없기 때문이다.

왜 그럴까? 기적이 기적으로 인정되려면 우선 하나님께서 존재하신다는 사실이 입증되어야 한다. 그러므로 기적은 하나님만이 행하실 수 있는 행동으로 정의될 수 있다.

성경에서 기적의 기능은 하나님의 존재를 증명하는 것이 아니라 하나님의 승인을 증명하는 것이다. 성경의 기자들은 기적을 '표적'으로 표현하였다. 이 표적들은 하나님의 승인을 입증하는 검인을 표시한다. 또한 표적들은 하나님의 사신들, 그분이 초자연적인 계시의 전달자들로 지명하신 사람들을 인정하는 수단이다. 히브리서 기자는 이렇게 증언하고 있다.

"우리가 이같이 큰 구원을 등한히 여기면 어찌 그 보응을 피하리요 이 구원은 처음에 주로 말씀하신 바요 들은 자들이 우리에게 확증한 바니 하나님도 표적들과 기사들과 여러 가지 능력과 및 자기의 뜻을 따라 성령이 나누어 주신 것으로써 그들과 함께 증언하셨느니라"(히 2:3-4).

어느 날 밤 니고데모가 예수님을 찾아와 다음과 같은 자신의 생각을 말했다.

"그가 밤에 예수께 와서 이르되 랍비여 우리가 당신은 하나님께로부터 오신 선생인 줄 아나이다 하나님이 함께하시지 아니하시면 당신이 행하시는 이 표적을 아무도 할 수 없음이니이다"(요 3:2).

니고데모는 기적이 하나님의 승인이라는 것을 이해하고 있었다. 기적을 통해 모세와 엘리야(율법과 선지자들)를 승인하셨던 하나님은 동일한 수단을 통해 예수님과 사도들을 승인하셨던 것이다.

이제 많은 그리스도인이 생각하는 것처럼 사탄이 진짜 기적을 행할 수 있다고 가정해보자. 그 사실은 어떤 의미를 함축하게 될까?

한마디로 그 기적들은 기독교 신앙에 재난을 안겨줄 것이다. 앞서 이야기했듯이, 만일 사탄이 진짜 기적을 행할 수 있다면 성경이 기적에 호소하고 있는 것뿐 아니라 예수님이 자신의 사역들을 신용증명서로 호소하신 것도 타당하지 못한 일이 될 것이다. 누가 죄를 위해서, 혹은 죄에 역행하여 기적을 행하고 있는지 평가하기 위해서는 먼저 하나님의 계시의 기준을 입증해야 하기 때문에, 그러한 논쟁들을 해결하기 위해 성경의 기준에 호소하는 것은 잘못된 추론에 의지하는 최악의 경우가 될 것이다. 즉 그 논증은 '질문을 구걸하는' 오류의 전형적인 예가 된다.

그 이유가 무엇일까? 하나님 이외의 누군가가 기적을 행할 수 있다면, 기적의 존재 자체는 결코 하나님의 입증을 증명할 수 없을 것이다. 앞에서 상세하게 설명했듯이, 그러한 기적이 말해주는 것은 하나님이나 사탄 둘 중 하나가 그것이 일어나게 했다는 사실뿐이다. 이 두 가지 기적을 분별할 수 있는 기준이 없다면, 우리는 계시의 전달자들을 분별할 수 있는 능력 또한 보유하지 못하게 될 것이다.

성경이 사탄의 기적을 거짓 표적과 기사들로 묘사할 때, 우리는 그 강조점이 '거짓의'라는 형용사에 맞춰져 있다는 결론을 내리게 된다. 그것은 사탄이 거짓말을 지지하기 위해 진짜 기적을 행하고 있다는 것이 아니라 그 기적 자체가 거짓이라는 말이다. 그 거짓말은 다음과 같이 설명된다.

외관상 그 기적은 사실 기적이 아니다. 그것은 교묘하게 고안된 속임수, 즉 인간이 행할 수 있는 가장 교묘한 속임수다. 그러나 이러한 속임수들은 언제나 한계에 봉착한다. 바로 자연의 법칙 자체의 한계다.

사탄은 죽음에서 생명을 불러내거나 무에서 유를 창조할 수 없다. 창조의 능력과 생사의 열쇠는 하나님과 그리스도께 속한다. 이러한 능력은 원수에게 부여되지 않았다. 사탄은 후디니를 능가할 수 있지만, 그리스도를 능가할 수는 없다. 그와 그의 사역은 거짓말로 둘러싸여 있다. 그에게는 진정한 구석이 하나도 없다.

오늘날의 치유자들이 진짜 기적을 행할 수 있느냐는 질문을 제기할 때 문제는 더 복잡해진다.

기적의 정의

이 질문에 어떻게 답변하느냐는 정의(定義)를 어떻게 정의하느냐에 달려 있다.

기적에 대한 대중적인 정의는 궁극적으로 하나님에게서 나온 초자연적인, 혹은 자연적인 사건을 말한다. 때문에 기적이라는 단어는 주로 그리스도인들, 특히 복음주의적인 그리스도인들 사이에서 다소 막연하게 사용되고 있다.

우리는 종종 사람들이 일몰의 아름다움이나 아기의 출산을 기적으로 묘사하는 것을 듣게 된다.

사실 일몰과 아기들은 하나님의 창조와 섭리의 놀라운 표현이다. 그러나 엄격하게 말해서 기적은 아니다. 아기의 출산은 일반적이고 자연스러운 일이다. 인간의 출생에는 자연에 역행하는 것이 아무것도 없다(아기가 처녀에게서 태어나지 않는 한).

물론 인간의 자연스러운 출산을 지배하는 법칙은 하나님의 법칙이다. 자연에 속한 것은 다 궁극적으로 그 기원과 유지 모두 초자연적인 능력에 의존하고 있다. 그러나 자연의 법칙들은 하나님께서 이 세상을 일반적으로 통치하시는 과정을 묘사하고 있다. 진정한 기적으로 하여금 특별한 의미를 가질 수 있게 만들어주는 것이 바로 이런 일반적인 자연의 과정이다.

우리는 모든 기적이 초자연적인 사건이지만 모든 초자연적인 사건이 기적은 아니라는 것을 구분해야 한다.

예를 들어 성령의 직접적인 영향력으로 일어나는 영혼의 중생은 초자연적인 사건이다. 그것은 오직 하나님만이 행하실 수 있는 행위다. 루터는 이것을 기적이라고 부르기 좋아했다. 바로 중생의 초자연적 성격 때문이었다.

하지만 나는 그것을 기적이라고 부르기를 주저한다. 기적을 더 엄격하게 정의하고 싶기 때문이다.

신학자들은 기적에 대한 엄격하고 기술적인 정의를 제공해왔다. 기적은 인식 가능한 외부 세계에서 하나님의 직접적인 초자연적 능력으로, 즉 자연에 역행하여 일어나는 특별한 일이다. 죽음에서 생명을, 무에서 유를 창조하는 것은 하나님의 능력으로만 가능한 일이다.

우리는 이렇게 기적을 정의하는 신학자들이 보다 더 일반적인 의미로 기적을 언급하는 성도들을 대할 때 곤경에 빠지는 모습을 보게 된다.

예를 들어 누군가 내게 오늘날 기적이 일어나느냐고 물으면 나는 움츠리게 된다. 그 질문에 별로 답변하고 싶지 않다. 그 문제가 너무나 복잡해서 내가 그렇지 않다고 대답하면, 사람들은 하나님께서 오늘날에도 초자연적으로 역사하신다는 사실을 내가 부인한다고 생각하게 되기 때문이다.

논의를 계속 이어가기 전에 다음과 같은 사실을 언급하고자 한다. 나는 성경에 나타난 기적들의 진정성을 확신한다. 하나님께서 오늘날에도 초자연적으로 역사하고 계신다고 확신한다. 그분은 기도에 응답하신다. 그분은 초자연적인 섭리로 병든 자들을 치유하신다. 그러나 나는 이 모든 말을 마친 후 다음과 같은 말을 덧붙여야 한다. 나는 내가 제기한 엄격한 정의에 따라 기적을 행하는 사람이 있다고 생각하지 않는다.

오늘날에도 기적이 존재하는가?

아마도 나에게 왜 하나님을 제한하느냐고 질문할 사람이 있을 것이다. 그 질문에 나는 절대로 그렇지 않다고 대답하겠다. 그 질문은 하나님께서 오늘날 기적을 행하실 수 있느냐는 것이 아니다.

하나님이 하나님이시라면 그분은 그 뜻대로 언제 어디서나 기적을 행하실 수 있다. 문제는 오늘날 하나님께서 기적을 행하고 계시냐는 것이다.

좁은 의미에서 나는 하나님이 오늘날 기적을 행하지 않으신다고 생각한다. 그렇게 생각하는 이유는 오늘날에는 규범적인 계시를 전달하는 자들이 없다고 생각하기 때문이다. 즉 오늘날에는 사도들이 존재하지 않는다.

이 중요한 요점을 파악하기 위해 우리는 면밀하고도 주의 깊게 생각해야 한다.

성경의 선지자들과 사도들은 규범적인 초자연적 계시의 전달자들이었다. 그들은 자기들이 진정한 계시의 전달자라는 하나님의 보증으로 기적을 내세웠다.

만일 하나님께서 계시의 전달자가 아닌 사람에게도 기적을 행하는 능력을 주셨다고 가정해보자. 계시의 전달자들과 비전달자들이 모두 기적을 행할 수 있었다면 단순히 기적을 행하는 능력이 있느냐 없느냐는 그 사람이 계시의 전달자였는지를 입증해주는 증거가 될 수 없을 것이다. 계시의 전달자와 그렇지 않은 사람이 똑같은 일을 행할 수 있다면, 그것이 어떻게 계시의 전달자를 증명하겠는가! 내가 관심을 갖는 것은 신앙 치료사들(faith-healers)의 주장이 아니다. 예수님과 모세와 사도 바울의 주장이다. 즉 우리는 신학적인 자가당착에 빠질 수 없다.

오랄 로버츠(Oral Roberts)는 자기가 사역 중에 죽은 사람들을 살려냈다고 주장해왔다. 그러다 뉴스 미디어의 압력을 받자 이러한 주장들을 임시변통으로 둘러댔다.

사람들이 심폐소생술이나 그 밖의 다른 형태의 처치를 통해 의식을 되찾는 경우(이런 일은 점점 더 자주 일어나고 있다)와 사람이 무덤에서 며칠 동안 부패되었다가 나사로처럼 예수님의 명령에 의해 다시 생명을 찾는 경우는 별개의 일이다. 오늘날 유명한 기적을 행하는 사람들이 무덤에서 그들의 묘기를 발휘하지 않는다는 점이 그러한 사실을 뒷받침한다.

오늘날에도 특별 계시를 받는다고 주장하는 사람들이 있다. 잘 알려진 한 설교자는 자기가 플로리다에서 받은 계시의 내용을 책으로 출간하기도 했다. 이런 사람들은 자기들이 규범적인 계시의 전달자들이라고 주장한다.

다시 한 번 질문을 제기할 수밖에 없다. 만일 그 설교자가 예언한 내용이 정말로 하나님의 말씀이라면, 그 내용이 신약성경에 추가되지 않는 이유가 무엇인가?

분명히 그 설교자는 그런 제안에 겁을 내고 몸을 움츠릴 것이다. 왜 그럴까? 만일 그가 플로리다의 모든 주민에게 영향을 끼칠 하나님의 말씀을 받고 있다면, 나는 그 메시지가 성경처럼 널리, 아니 성경의 일부분으로 출판될 때까지 그의 마음이 편하지 않을 것이라고 생각한다. 그 사람은 자신의 예언이 성경이 주장하는 것과 똑같은 권위와 메시지의 관련성을 갖고 있다고 주장하고 있기 때문이다.

유감스럽지만 나는 그런 사람들이 자기들의 개인적인 예언이 신약성경에 포함되도록 강요하지 않는 진정한 이유가 그렇게 하면 그들을 추종하는 사람들로부터 평판이 떨어진다는 것을 잘 알기 때문이라고 생각한다.

사명선언문

너희가 흠이 없고 순전하여……세상에서 그들 가운데 빛들로
나타내며 생명의 말씀을 밝혀 _ 빌 2:15-16

1. 생명을 담겠습니다
만드는 책에 주님 주신 생명을 담겠습니다.
그 책으로 복음을 선포하겠습니다.

2. 말씀을 밝히겠습니다
생명의 근본은 말씀입니다.
말씀을 밝혀 성도와 교회의 성장을 돕겠습니다.

3. 빛이 되겠습니다
시대와 영혼의 어두움을 밝혀 주님 앞으로 이끄는
빛이 되는 책을 만들겠습니다.

4. 순전히 행하겠습니다
책을 만들고 전하는 일과 경영하는 일에 부끄러움이 없는
정직함으로 행하겠습니다.

5. 끝까지 전파하겠습니다
모든 사람에게, 땅 끝까지, 주님 오시는 그날까지
복음을 전하는 사명을 다하겠습니다.

서점 안내

광화문점 서울시 종로구 새문안로 69 구세군회관 1층
02)737-2288(T) 02)737-4623(F)

강남점 서울시 서초구 신반포로 177 반포쇼핑타운 3동 2층
02)595-1211(T) 02)595-3549(F)

구로점 서울시 구로구 시흥대로 577 3층
02)858-8744(T) 02)838-0653(F)

노원점 서울시 노원구 동일로 1366 삼봉빌딩 지하 1층
02)938-7979(T) 02)3391-6169(F)

분당점 경기도 성남시 분당구 황새울로 315 대현빌딩 3층
031)707-5566(T) 031)707-4999(F)

신촌점 서울시 마포구 서강로 144 동인빌딩 8층
02)702-1411(T) 02)702-1131(F)

일산점 경기도 고양시 일산서구 중앙로 1391 레이크타운 지하 1층
031)916-8787(T) 031)916-8788(F)

의정부점 경기도 의정부시 청사로47번길 12 성산타워 3층
031)845-0600(T) 031)852-6930(F)

인터넷서점 www.lifebook.co.kr